新訂版
給与計算の最強チェックリスト

エキップ社会保険労務士法人
代表社員・特定社会保険労務士 **濱田京子**

アニモ出版

はじめに
給与計算は絶対に間違えることはできない！

　この本を手にとった皆さんは、毎月の給与計算業務に何らかの問題や不安を感じている担当者の方や経営者の方だと思います。

　給与計算は、どの会社にも必ずある業務ですが、決して間違えることは許されず、正しく処理してあたり前の責任重大な業務です。そして、小さなミスが原因で重大な問題へと発展してしまうこともあるので、プレッシャーの大きい業務といえます。

　実務的には、毎月同じような処理をするわけですから、定例的な業務といえますが、毎年のように法改正があるだけでなく、会社の事由または社員個人の事由によるさまざまな発生事象に応じて異なる処理パターンがあり、それらすべてに気を配って計算することは、容易なことではありません。しかも、**"ただ頑張れば間違えなくなる"** というものでもないのです。

　私は、アウトソーシング企業で、たくさんの会社の給与計算業務を大量にこなすメンバーのマネジメントに長年携わってきて、どのようにしたら毎月の給与計算を「安心」して「間違えることなく」処理できるのか、ということを毎日毎日考え続け、研究し続けてきました。

　手順書を作成したり、マニュアルを整備したり、いろいろと試行錯誤を繰り返しましたが、最終的に、**ある一定の基準に則って作成したチェックリストの活用が最も効率的で効果が高い**という結論に至りました。

　そして、単にチェックリストをつくるだけではなく、その作成したチェックリストの**メンテナンス**をすることによって、普通のチェックリストから、絶対に間違えずに安心して処理ができる「**最強の**

チェックリスト」へ成長させることができると確信しています。

　これらのノウハウは、私の長年の経験をまとめていったものですが、探究していくうちに、このチェックリストを活用したマネジメントは、応用行動分析学という心理学の理論とまったく同じものだということに気づきました。

　給与計算業務を解説した実務書は市場に数多くありますが、この本は、安心して給与計算業務をこなすことができるチェックリストを作成するノウハウをまとめたもので、業界初といえる本だと思います。

　会社の給与計算業務を担当されている方はもちろん、アウトソーサーの皆さま、社会保険労務士さんや税理士さん、そしてその事務所で働く方が、運用管理のノウハウを理解できる本としてご活用いただければと思います。

　ぜひ、「最強チェックリスト」を手にして、ストレスフリーな給与計算業務を実現してください。

　なお、本書は2013年2月に初版を発刊後、おかげさまで重版もされましたが、マイナンバーが本格運用されたことや、労働基準法の改正により労働時間管理の徹底がより求められることになったことなども踏まえて、新訂版として発刊するものです。モデルチェックリストもバージョンアップしていますので、初版同様ご愛顧いただければ幸いです。

2018年7月　　　　　　　　　特定社会保険労務士　濱田　京子

本書の内容は2018年7月20日現在の法令等にもとづいています。

『絶対に間違えなくなる！　給与計算の最強チェックリスト』

もくじ

はじめに

1章 給与計算を正しく処理するための必須知識

✓**1-1　給与計算の目的としくみ①** ──────────── 14
給与計算の目的は２つある

✓**1-2　給与計算の目的としくみ②** ──────────── 18
給与計算を間違えるとどんな影響があるか

✓**1-3　労働契約と給与の支払い①** ──────────── 22
会社にはどこまで給与支払いの義務があるのか

✓**1-4　労働契約と給与の支払い②** ──────────── 24
給与の決め方と支払い方にルールはあるのか

✓**1-5　労働契約と給与の支払い③** ──────────── 26
給与支給時に必要な手続き

✓**1-6　マイナンバー制度への対応** ──────────── 30
マイナンバーの取扱い

CONTENTS

✔ **1-7　働き方改革への対応** —————————————————— 32

改正労基法の施行後に必要となる
正しい労働時間管理の方法

2章 最強チェックリストの しくみと手順

✔ **2-1　ツールとしてのチェックリスト①** ————————— 36

給与計算のミスの原因は２つある

✔ **2-2　ツールとしてのチェックリスト②** ————————— 40

チェックリストの役割と効果

✔ **2-3　ツールとしてのチェックリスト③** ————————— 44

最強のチェックリストが効果的なワケ

✔ **2-4　ツールとしてのチェックリスト④** ————————— 48

チェック項目はどのように決めるのか

✔ **2-5　給与計算チェックリストの種類①** ————————— 50

毎月の給与計算で使用する「月次チェックリスト」

✔ **2-6　給与計算チェックリストの種類②** ————————— 52

情報管理ツールの活用

✔ **2-7　給与計算チェックリストの種類③** ————————— 54

年次業務のチェックリストの作成

✔ **2-8** チェックリスト作成の準備 ———————————— 56
まず、全体の流れを決めよう

✔ **2-9** 手順の項目とスケジュール① ———————————— 58
作業全体の処理手順を決める

✔ **2-10** 手順の項目とスケジュール② ———————————— 60
詳細な手順を決める

✔ **2-11** 手順の項目とスケジュール③ ———————————— 64
毎月の定例業務に年次業務を組み込む

✔ **2-12** 手順の項目とスケジュール④ ———————————— 65
具体的なスケジュールを決める

✔ **2-13** 手順の項目とスケジュール⑤ ———————————— 66
定例業務をスケジュールに反映させる

3章 最強チェックリストに 必要な項目のつくり方

✔ **3-1** チェック項目の書き方① ———————————— 70
チェック項目はどのように書くのか

✔ **3-2** チェック項目の書き方② ———————————— 72
チェック項目はすべて書く

CONTENTS

✔ *3-3* 手順を決める① ———————————— 74
月次チェックリストの構成を考える

✔ *3-4* 手順を決める② ———————————— 78
事象別のチェックを必ず行なう

✔ *3-5* 手順を決める③ ———————————— 80
入社時のチェックのしかた

✔ *3-6* 手順を決める④ ———————————— 84
退職時のチェックのしかた

✔ *3-7* 手順を決める⑤ ———————————— 88
所属異動時のチェックのしかた

✔ *3-8* 手順を決める⑥ ———————————— 90
昇降格・昇降給時のチェックのしかた

✔ *3-9* 手順を決める⑦ ———————————— 92
傷病等による休職時のチェックのしかた

✔ *3-10* 手順を決める⑧ ———————————— 94
産休・育児休業時のチェックのしかた

✔ *3-11* 手順を決める⑨ ———————————— 96
住所変更時のチェックのしかた

✔ *3-12* 手順を決める⑩ ———————————— 98
結婚・離婚時のチェックのしかた

✔ *3-13* 手順を決める⑪ ———————————— 100
扶養家族の増減のチェックのしかた

✔ **3-14**　**手順を決める⑫** ———————————————— 102
「仕様書」のつくり方

✔ **3-15**　**入力作業効率のアップ①** ———————————————— 104
個人マスタ登録処理のスピードを上げる

✔ **3-16**　**入力作業効率のアップ②** ———————————————— 106
勤怠データ登録のスピードを上げる

✔ **3-17**　**入力作業効率のアップ③** ———————————————— 108
項目を対比させて一覧表にまとめる

✔ **3-18**　**入力作業効率のアップ④** ———————————————— 110
チェックリストにマニュアル的要素を含める

✔ **3-19**　**入力作業効率のアップ⑤** ———————————————— 112
雇用形態区分変更のオペレーションに要注意

✔ **3-20**　**入力作業効率のアップ⑥** ———————————————— 114
自動的に処理される項目もチェックする

✔ **3-21**　**モレなくチェックする①** ———————————————— 116
まず、処理件数をチェックする

✔ **3-22**　**モレなくチェックする②** ———————————————— 120
つじつまチェックを行なう

✔ **3-23**　**モレなくチェックする③** ———————————————— 124
前月から今月への流れをチェックする

✔ **3-24**　**モレなくチェックする④** ———————————————— 128
社会保険の定時決定を効率的に処理する方法

CONTENTS

✔ **3-25　モレなくチェックする⑤** ——————— 130
年末調整を効率的に処理する方法

✔ **3-26　チェックリストの仕上げ** ———————— 141
チェック項目を組み立てる

「最強チェックリスト」のモデル　142・143

4章

最強チェックリストの
使い方・活かし方

✔ **4-1　チェックリストの使い方①** ——————— 148
チェックリストには毎月、手書きで書き込む

✔ **4-2　チェックリストの使い方②** ——————— 150
記入ルールを決めておく

✔ **4-3　チェックリストの使い方③** ——————— 154
保存、ファイリングの知恵

✔ **4-4　チェックリストの使い方④** ——————— 156
毎月、メンテナンスを行なう

✔ **4-5　チェックリストの使い方⑤** ——————— 158
上手なメンテナンスのしかた

✔ **4-6　最強チェックリストの活かし方①** ——————— 170
担当者に安心をもたらし、教育ツールとして活かす

✓ 4-7　最強チェックリストの活かし方② ──────── 172
労務分析データとして活用する

5章 こんなときどうする？ 困ったときの対処法

✓ 5-1　給与支給編① ────────────────── 174
Q 入社者の給与計算が今月の支給に
間に合わないけどどうする？

✓ 5-2　給与支給編② ────────────────── 176
Q 行方不明になった社員の給与はどうすればいい？

✓ 5-3　給与支給編③ ────────────────── 178
Q 欠勤控除や日割計算の方法に決まりはあるの？

✓ 5-4　給与支給編④ ────────────────── 180
Q 残業代の計算方法に決まりはあるの？

✓ 5-5　給与支給編⑤ ────────────────── 182
Q 固定残業代は許される？

✓ 5-6　給与支給編⑥ ────────────────── 184
Q 年俸制なら残業代は不要？

✓ 5-7　給与支給編⑦ ────────────────── 186
Q 徹夜勤務の場合の割増率はどうなるの？

CONTENTS

✓5-8 給与支給編⑧ ──────────── 188
Ｑ 端数処理はどうすればいいの？

✓5-9 給与支給編⑨ ──────────── 190
Ｑ 通勤手当の上限額と精算のルールは？

✓5-10 給与支給編⑩ ──────────── 192
Ｑ 給与の締め日、支払日の変更は可能なの？

✓5-11 給与支給編⑪ ──────────── 194
Ｑ 有休取得の不利益取扱いにあたるケースとは？

✓5-12 給与支給編⑫ ──────────── 196
Ｑ 時給者の有給休暇の賃金は
どのように計算するのか？

✓5-13 給与控除編① ──────────── 198
Ｑ 過払い分は、翌月の給与で精算してよいか？

✓5-14 給与控除編② ──────────── 200
Ｑ 給与が差し押さえられたらどうすればいい？

✓5-15 給与控除編③ ──────────── 202
Ｑ 社員旅行の積立金を給与から控除できるか？

✓5-16 給与控除編④ ──────────── 204
Ｑ 研修後すぐに辞めた社員から
研修費用を回収できるか？

✓5-17 給与控除編⑤ ──────────── 206
Ｑ 社会保険料の変更は、社員に通知するのか？

✓*5-18* 給与控除編⑥ ——————————— 208
Q 産休、育児休業の給与や社会保険料はどうなる？

✓*5-19* 賞与編① ——————————————— 210
Q 賞与支給日の在籍要件は有効？

✓*5-20* 賞与編② ——————————————— 212
Q 自社製品を賞与として支給できる？

✓*5-21* 賞与編③ ——————————————— 214
Q 賞与と一時金に違いはあるのか？

✓*5-22* 年末調整編① ————————————— 216
Q 中途入社者の前職の源泉徴収票は
いつ提出してもらうのか？

✓*5-23* 年末調整編② ————————————— 218
Q 年末調整が給与支給の際に
間に合わないときはどうする？

✓*5-24* 退職金編 ——————————————— 220
Q 退職金はいつまでに支払う必要があるのか？

おわりに　222

カバーデザイン◎水野敬一
本文ＤＴＰ＆図版＆イラスト◎伊藤加寿美（一企画）

CHECKLIST

1章

給与計算を正しく処理するための必須知識

まず、給与計算の基礎知識と、チェックリストの必要性からみていきましょう。

給与計算の目的としくみ❶

給与計算の目的は2つある

 国などがやるべき事務を代行している

　どの会社でも、働く人がひとりでもいれば、必ず給与計算業務がありますが、その業務を行なう目的を考えると2つあげることができます。

【給与計算の目的】
①支払う給与を計算すること
②社会保険と税金に関する計算処理事務を国等の代わりに行なうこと

目 的❶
社員へ支払う給与の金額を計算する

　就業規則や給与規程などの会社独自のルールに従って、社員に対して支払う給与を算出します。

　会社独自のルールとはいえ、法律で定められた一定のルールが基礎となっているので、給与計算業務は**専門知識が必要**となる大切な仕事であると同時に、お金の計算をしなければならないので、当然ですが**間違いは許されない**業務です。

　社員に支払う給与は、**毎月最低1回は支払わなくてならない**と法律で決まっています（労働基準法24条）。そのほかにも決められている法的制限を押さえつつ、その上乗せルールとしての位置づけである会社独自のルールである就業規則や給与規程に準じて計算処理

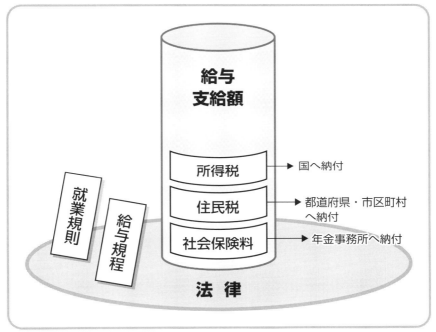

を行なう必要があります。

　また会社には、正社員だけではなく契約社員や嘱託社員、アルバイトなどといった複数の雇用形態の従業員がいることが多いでしょう。この場合は、雇用形態それぞれのルールに応じて異なる処理をする必要があります。

目 的❷
社会保険、税金に関する計算処理事務を
国や地方自治体などに代わって行なう

　2つ目の目的として、国や都道府県、市区町村、年金事務所に納付するための税金、保険料の金額を計算することがあげられます。

　この国などの事務代行としての業務は、源泉所得税、住民税、社

会保険料の算出・控除、そして納付があります。

　気をつけなければいけないのは、個々の社員の扶養親族の増減により所得税額が変動することや、給与支給額の変動により社会保険料が変更となることはもちろんのこと、法改正に応じた処理方法の変更などが毎年のように発生することです。

　そのほかにも、雇用形態に応じて所定労働時間が異なると、社会保険と雇用保険の両方に加入している社員だけではなく、雇用保険のみ加入者や社会保険・雇用保険のいずれにも加入していない社員などが発生し、それぞれの労働条件に応じて対応しなければならない範囲が異なるので注意が必要になります。

　したがって、社員全員がどのような労働条件で契約されているのかということを明確にして、**個人マスタの管理を徹底しておく必要**があります。

　一定規模以上の会社では、表計算ソフトで独自に計算するのではなく、市販の給与計算のパッケージソフトを使用しているはずですから、設定の変更に関しては、システム会社の保守によりカバーされていることが一般的です。

　しかし、手計算をしている場合はもちろん、実際に給与計算システムを使用しているとしても、そのシステムをオペレーションする人が内容を理解していないと、正しく運用することはできません。

　やはり**担当者の業務知識レベルを保つ**ことと、**最新の情報を入手**できるようにしておくことが重要です。

 最新情報を収集する方法

　税金や社会保険料、そして労働基準法等の労働法令全般など、給与計算の処理をするにあたり必要な内容は、常に最新情報をキャッチアップしなければなりませんが、それらの情報収集をどのように

するかは、以下のことを参考にしてください。

【税金関連】

　源泉所得税については、税務署から法改正情報のパンフレットとして、「改正のあらまし」などが送付されてきます。給与計算に関係することは一部かもしれませんが、役所から送付されてくるパンフレットには、必ず目を通しておきましょう。

　また、税務署では「源泉徴収のあらまし」という小冊子を作成していますので、これも税務署からぜひもらっておきましょう。

【社会保険関係】

　毎月送られてくる社会保険料の「納入告知書」と一緒に、社会保険料率の変更や手続きに関する取扱い変更のパンフレットが同封されていることがあります。これらの案内パンフレットは必ずチェックしておきましょう。

　健康保険組合についても、変更に関する通知文などが必ず送付されてくるので、1つひとつ忘れずに確認することが大切です。

【労働保険関係】

　所轄の労働局からは、毎年7月に労働保険料の申告をするための書類が送付されてきますが、その書類のなかには、改正情報に関する案内などが入っています。

　こちらについても、同封されているパンフレットや労災保険率表を必ず確認しておきましょう。

1-2 給与計算を間違えるとどんな影響があるか

給与計算の目的としくみ❷

 誤計算、誤処理の影響範囲は広い！

　給与計算は、決して間違えてはならないものですが、人間が処理しているので、いつもパーフェクトとは限らないこともあります。

　ただし、給与計算を間違えてしまうと、多方面への影響があります。計算を間違えた社員に対して説明し、後日、**支給額の調整**をしなければなりません。支給すべき金額が足りなかった場合は追加支給することになりますが、過払い処理をしてしまっていたケースでは、「戻してもらう」ことになるので、特に配慮が必要となります。

　この場合、当然、過払い分をそのまま戻してもらうわけですが、金額によっては、何回かに分けて返金してもらうなど対応方法の検討も必要となります。

　そのほか、支給金額を間違えたタイミングによっては、翌月以降の給与支給時には調整することができず、**再計算処理**をする必要が出てくることもあります（再計算処理が原則ですが、現実的には本人同意のうえで翌月以降に調整することが最も煩雑でない対処方法です）。

　また、税金については1月から12月の所得に応じて決定するので、年をまたいでしまう誤処理には対処できないという問題も起こり得ます。なるべく同一年のうちに調整処理を完結するようにします。

　支給額の誤りについては、本人との調整だけではなく、タイミングによっては社会保険料の定時決定の修正など、**各役所への修正の届出**も必要になり、影響範囲はさらに広がります。また、社内での**会計処理の修正**も必要になります。

支給額に不足があった場合の対処方法

　給与の支給額を誤って「1万円不足」の状態で支給してしまった場合の、具体的な対処方法を考えてみましょう。

> 【例】
> 給与は毎月25日支給。支給すべき手当が1万円不足していたことが支給後に判明した場合

＜対処方法①＞
給与支給日後に発覚したので、翌月の給与支給日を待たずに、不足分の1万円を現金支給する。

　この場合、支給額が1万円であっても、実際には本人の手取り額（振込額）は1万円ではないので、翌月の給与計算処理の際に情報を正しく反映することが必要です。
　翌月の給与計算時に情報を反映する方法は次のとおりです。

（1）支給項目に不足分だった1万円を追加する
　　　⇒これにより、課税処理が正しくなり、雇用保険への適用（雇用保険料の計算）も可能となります。
（2）控除項目に現金で支給した1万円を記載して、その分をマイナス控除する
　　　⇒翌月の給与支給の際に再度1万円を振り込まないように、すでに現金で支給した1万円を控除しておきます。

＜対処方法②＞
現金で差額を支給することなく、翌月の給与計算処理の際にすべてを反映させる。

　対処方法①の（1）と同じ対応をして、（2）の処理はしないだけで、翌月の給与で不足分の反映をしたことになります。

 過払いがあったときの対処方法

　次に、支給する手当を誤って多く支給してしまった場合など、過払いとなってしまった場合の対処方法を考えてみましょう。
　この場合は、もちろん過払いとなったことについて、個別に従業員に通知をして丁寧な説明をする必要があります。

> 【例】
> 給与は毎月25日支給。支給すべき手当を1万円多く支給してしまった場合

＜対処方法＞
翌月の給与支給の際に、過払い分を反映した支給額として処理をする

　この場合、「過払い分を戻してもらうということは控除することだから、給与計算ソフトの控除項目で1万円を控除する」という処理をしてしまいがちですが、この方法は誤りです。
　給与計算ソフトの控除項目で1万円を控除する処理をしてしまうと、単純に1万円は戻ったことになりますが、それだけでは過払い処理をした際に計算した所得税や雇用保険料はそのままとなってしまっています。

もちろん、別途、課税合計額や雇用保険料を算出し直して調整してもよいのですが、給与システムを活用している場合には、支給額の誤りは、支給項目で誤処理分を反映させることにより、その他の税金などへの影響にもすべて対応できることになります。

　つまり、支給項目でマイナス支給するという処理を行なうのです。

　たとえば、正しい手当額は5万円だったが、前月の給与支給の際に誤って6万円と記載し、実際に1万円多く支給してしまった場合の調整方法は次のようになります。

調整する月は、正しい5万円という手当額から前月の過払い分の1万円をマイナスするため、その月に限り、手当額は4万円で処理する。

一言ポイント！

手当額などの過払いがあった場合は、必ず調整する項目でマイナス、プラスをするように処理する！

労働契約と給与の支払い❶

会社にはどこまで給与支払いの義務があるのか

給与の前払い義務はない

　労働契約法によれば、労働契約は「労働者が使用者に使用されて労働し、使用者がこれに対して賃金を支払うことについて合意することによって成立する契約」とされています。そして、支払われる賃金は、**労働の対価**とされ、使用者である会社には賃金を支払う義務があります。

　もちろん、労務の提供があったことによりそれに対応する対価の支払い義務が発生することになるので、あくまでも「労務の提供」→「賃金の支払い」という順序です。労務の提供がないうちは、賃金の支払い義務はないので、賃金を前払いする必要はありません。

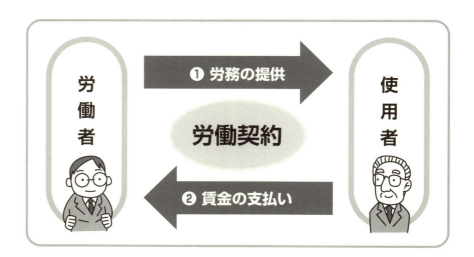

賃金支払いに関する規定の注意点

就業規則などで「賃金支払いに関する規定」を定めているはずですが、そこでは給与計算の締め日、支払日を定めるだけではなく、その**対象期間についても明確にしておく**ことが重要です。

【パターン①】…締め日から支払日までの期間が短い、または支払日が締め日以前にある場合

これは、たとえば当月末日締め、当月25日支給というパターンで、大手企業に多いケースです。ただしこの場合は、残業や欠勤などの勤怠に応じて変動する給与は、翌月に支給することになるので、就業規則にもその旨の規定が必要です。

このパターンのように、勤怠実績に応じて変動する給与が翌月支給となると、結果的に欠勤が多かった人の賃金が翌月には発生しないにも関わらず、前払いした部分も過払いとなってしまうケースがあります。したがって、なるべく過払いが発生しないように、可能な限り事前確認ができる勤怠実績を反映して処理することをお勧めします。

【パターン②】…締め日後に支給日があり、勤怠に応じて変動する手当も含めて対象期間の賃金をすべて支給する場合

具体的には、「末日締め、翌月25日支給」などとなっているパターンです。

この場合は、過払いなどが生じる心配がなく、給与計算における迷いも少なくなるといえます。

1-4 給与の決め方と支払い方にルールはあるのか

労働契約と給与の支払い❷

 給与の支払い方には5つのルールがある

　実際に社員に支払う給与額をいくらにするかということについては、最低賃金法で定められている最低額以上であれば、どのような算出方法であっても、またどのような根拠で決定したとしても、それは会社の自由です。

　このように、給与の決め方については会社に裁量があるとはいえ、社員が継続して働きたいと思うことができる環境でないと、会社経営を継続することはできないので、社員がある程度は納得する基準によって決めることになります。会社ごとに人事制度を構築し、給与の決定方法や賞与の算出根拠なども決めるわけです。

　一方、給与の支払い方については、労働基準法24条で一定のルールが定められています。それがいわゆる「**賃金支払いの5原則**」といわれるもので、給与を支払う会社はこれらすべてを守る必要があります（次ページの図を参照）。

【労働基準法24条】

1．賃金は、通貨で、直接労働者に、その全額を支払わなければならない。ただし、法令もしくは労働協約に別段の定めがある場合または厚生労働省令で定める賃金について確実な支払いの方法で厚生労働省令で定めるものによる場合においては、通貨以外のもので支払い、また、法令に別段の定めがある場合または当該事業場の労働者の過半数で組織する労働組合があるときはその労働組合、労働者の過半数で組織する労働組合がないときは労働者の過半数を代表する者との書面による協定がある場合においては、賃

◎賃金支払いの5原則◎

1 通貨払い

通貨で支払わなければならないため、小切手や現物はNG

（例外）●労働協約を締結した場合
　　　　●労働者が同意した場合の銀行口座振込み

2 直接払い

労働者に直接支払わなければならないため、仲介人や代理人はNG

（例外）●使者たる家族への支払い
　　　　●派遣先の使用者を通じた支払い

3 全額払い

賃金の全額を支払わなければならないため、勝手に賃金から控除するのはNG

（例外）●所得税、住民税、社会保険料の控除
　　　　●労使協定にもとづく控除

4 毎月1回以上払い

毎月1回以上支払わなければならない

5 一定期日払い

一定期日に支払わなければならない
（例外）臨時の給与や手当、賞与、退職金など

　金の一部を控除して支払うことができる。

2．賃金は、毎月1回以上、一定の期日を定めて支払わなければならない。ただし、臨時に支払われる賃金、賞与その他これに準ずるもので厚生労働省令で定める賃金については、この限りでない。

労働契約と給与の支払い❸

給与支給時に必要な手続き

 税金や社会保険関係の手続きが必要に

　給与計算は、従業員に支給する給与額を算出し、そこから控除すべき税金や社会保険料を差し引いて、最終的に従業員本人に振り込む金額までを計算する業務です。

　控除する税金も社会保険料も正しく計算しなければなりませんが、それぞれの役所への申告・納付は会社の役割であり、こちらも正しく行なわなければなりません。

　では、それぞれについてどのような手続きが必要となるのかを確認しておきましょう。

 所得税の源泉徴収

　そもそも所得税は、本人が所得金額とそれに対する税額を計算して申告・納付することが建前なのですが、給与所得については、その支払者が給与を支給する際に所得税を徴収し、納付する制度である「**源泉徴収制度**」が採用されています。

　したがって、給与支払者である会社は、毎月、給与を支給するたびに源泉所得税を徴収する義務を負うことになります。

【源泉所得税】

　1年（あるいは入社後）の最初の給与支給日までに、社員から「**給与所得者の扶養控除等（異動）申告書**」を提出してもらった場合は、各月に控除する源泉所得税は「源泉徴収税額表」（月額表）の「甲欄」で求めます（この申告書の提出がない場合は、「乙欄」の額を控除

します）。

そして、毎月の給与から控除した源泉所得税は、会社が翌月10日までにまとめて納付する必要があります（給与を支払う従業員が常時10人以下であれば、まとめて年2回納付する「源泉所得税の納期の特例」制度を適用することができます）。

なお、毎月控除する源泉所得税の金額は、その後も給与支給が継続することを前提とした、いわば仮計算のようなものであり、最終的には、1年間の所得が確定する12月に「**年末調整**」を実施することで、1年間に納付すべき所得税を確定させる手続きを行ないます。

一言ポイント！

「扶養控除等（異動）申告書」の提出がないと、毎月の源泉徴収税額は（乙欄適用となって）高くなる！

住民税の特別徴収

住民税については、会社で「**特別徴収**」の手続きをしている場合は、源泉所得税と同様に会社が給与を支給する際に控除して納付することになります。

【住民税】

住民税を給与から控除し、それぞれの市区町村へ納付するのは、翌月10日までです（納付特例の申請をしている場合は年2回の納付）。

毎年6月支給分から新年度の住民税額に変わるので、その前に各市区町村から送付されてくる通知書で新しい住民税額を確認して、給与計算ソフトなどを更新する処理が必要となります。

◎給与支給に関わる基本的な手続き◎

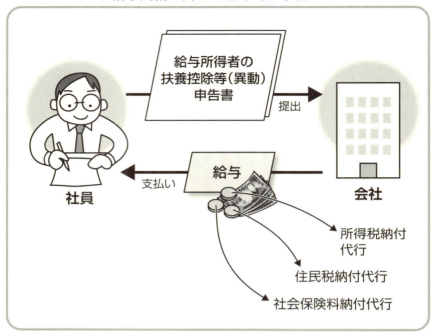

社会保険料の控除

　給与からは、所得税や住民税のほかにも、社会保険料や雇用保険料を控除することになっています。

【厚生年金保険料・健康保険料・介護保険料】

　社会保険料（厚生年金保険料、健康保険料、介護保険料）については、保険料の納付は翌月末日です。給与から被保険者負担分の保険料を控除し、事業主負担分をプラスして納付するという流れとなります。

　毎月の給与計算の際に、どの月の分の保険料を控除しているのか、ということを正しく把握し、保険料率や等級の改定があれば、必ずそれを反映していくようにします。

なお、健康保険料と介護保険料は毎年3月分から料率変更となることがあるので、変更がないかどうかを確認しておきます。

【雇用保険料・労災保険料】

　労働保険料のうち雇用保険料は、毎月の給与から被保険者負担分を控除しますが、会社が納付するのは、年に1回（延納している場合は3回）です。

　労働保険料の申告は、前年の賃金総額から確定保険料を算出すると同時に、翌年度の賃金総額から概算保険料を申告するという「年度更新」の手続きを毎年7月に実施します。

　なお、労災保険料については、被保険者負担分はないので、給与から控除する保険料はありません。

　雇用保険料率と労災保険率の変更がある場合は、毎年4月からなので、そのタイミングで料率変更の有無を確認しておきましょう。

　このように会社は、社員1人ひとりが負担すべき税金や社会保険料を算出し、給与の支給額から控除したうえで、まとめて納付するという代行手続きをしなくてはならない義務があります。

マイナンバーの取扱い

 「本人確認」を忘れずに

「マイナンバー制度」は、2016年（平成28年）1月から運用がはじまり、総務省が作成したロードマップに沿って、利用が広がっています。健保組合と市区町村や、税務署と市区町村など、情報連携がされることで、一部の手続きが不要になったり、添付書類が省略できるようにもなっています。

給与計算を進めるにあたり、またその周辺業務を含めてマイナンバーがどのような取扱いとなるのかを、確認しておきましょう。

【源泉所得税関係】

従業員本人から提出してもらう「給与所得者の扶養控除等（異動）申告書」にマイナンバーの欄があるので、そこに記入してもらうことで情報収集することは可能ですが、会社は**「本人確認」**を行なう必要があるため、運転免許証などにより本人確認（身元確認と番号確認）をしたうえで、情報提供を受けることが必要です。

税務関連では、毎年1月末までに各市区町村へ届出を行なう「給与支払報告書」にマイナンバーの記載が必要となります。

【社会保険関係】

年金事務所からは、2018年（平成30年）3月以降、基礎年金番号を記載する届出書類について原則としてマイナンバーを記入することに協力するように通知が出ています。マイナンバーさえ記入すれば、基礎年金番号の記入は不要となります。

◎本人確認には「身元確認」と「番号確認」が必要◎

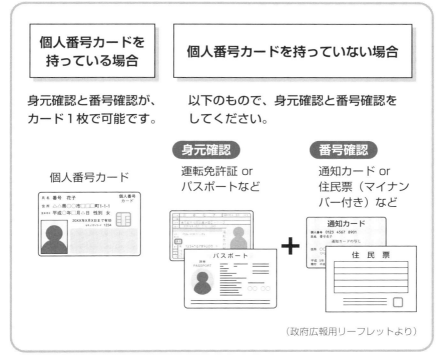

（政府広報用リーフレットより）

（※）「**身元確認**」とは…個人番号（マイナンバー）の提供を行なう者が番号の正当な持ち主であることを確認すること。
「**番号確認**」とは…提供された個人番号が正しい番号であることを確認すること。

また、マイナンバーと基礎年金番号が紐づいている人については、住所と氏名の情報が連携することになるので、いままで必要だった住所変更届、氏名変更届、死亡届については、届出を省略することができます。

1-7 改正労基法の施行後に必要となる正しい労働時間管理の方法

働き方改革への対応

労基法で時間外労働時間の上限が規定される

　政府が推し進めている働き方改革により、労働基準法が改正されて**時間外労働の上限規制**が実施されます（労基法第36条の改正は、大企業は2019年4月施行、中小企業は2020年4月施行）。

　改正前までは、時間外労働の上限は厚労省の告示で示されているだけで、実質は青天井だったわけですが、改正後は法令で上限時間が規定されることになります。これに伴い、会社はより正確に労働時間管理を行なうことが求められるようになります。

　給与計算のために必要となる労働時間管理と、労働時間の上限時間を遵守するために必要な労働時間管理は異なるので、実務上必要なポイントを整理しておきましょう。

給与計算で必要となる労働時間管理

　給与計算で必要となる労働時間は、時間外労働、深夜労働、休日労働の割増手当を算出するためと考えられます（時給者については、総労働時間も給与計算において必要です）。

　それぞれの労働時間の考え方について整理しておきましょう。

【時間外労働時間】

　時間外労働時間とは、所定労働時間を超えた労働時間をいいますが、会社によっては法定労働時間を超えた場合に限り、割増率を乗じて手当としている場合と、所定労働時間を超えた時間から、割増率を乗じている場合があります。

◎法定を超えて割増手当を支給している会社は要注意！◎

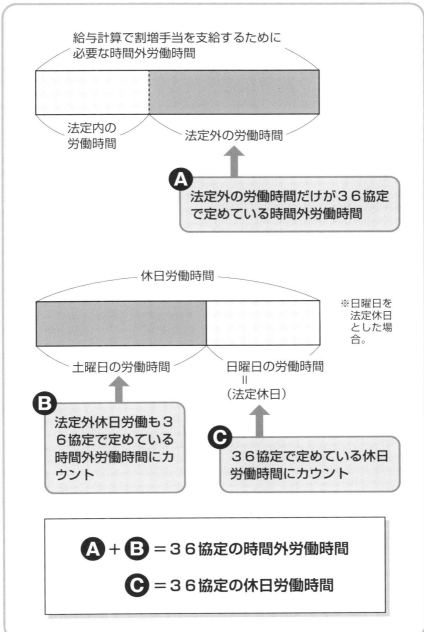

給与計算では、あくまでも時間外労働手当を正しく算出するために労働時間を集計しているので、手当を算出するための時間外労働時間が法定労働時間を超えた時間となっているとは限りません。

【深夜労働時間】

深夜労働については、会社独自に法定以上の時間帯で深夜割増手当を支給しているケースはほとんどありません（法定では22時から翌日の５時までが深夜労働時間となります）。

また、法定では深夜労働時間に限っての上限規制はないので、給与計算で必要な深夜労働時間さえ把握していれば、そのほかに気にしておくべきことはありません。

ただし、深夜労働時間帯が時間外労働時間にもなる場合で、時間外労働時間の外数として処理している場合は、時間外労働時間としてのカウントに含めるようにしなければなりません。

【休日労働時間】

会社によっては、法定休日に労働した時間だけを休日労働時間としてカウントし、割増手当を支給している場合もありますが、休日労働時間の範囲が法定休日ではない休日（法定外休日や所定休日などと呼んでいることがあります）を含めて割増手当を支給するという、労働者により手厚い処遇をしている会社もあります。

この場合、この休日労働時間のなかに、時間外労働時間が含まれているということになるので、注意が必要です。

CHECKLIST

2章

最強チェックリストの しくみと手順

チェックリストを最強にするためのしくみや手順を説明していきます。しっかり理解しながら読んでくださいね。

給与計算のミスの原因は2つある

 一度もミスをしなかった人はいない!?

　法律や就業規則などの一定のルールに則って毎月、給与計算業務を行なっていると、間違ってしまうことがあります。原則、間違ってはいけないことは誰もが知っているので、十分に注意して処理を行なっているとしても、一度もミスをしたことがない、という人はいないのではないでしょうか。

　では、いったいどのようなミスがあるのでしょうか？　それを考えながら、ミスを防ぐためには、どうすればよいのかを検討していきましょう。

【こんなミスがある】
「支給額を間違えて登録してしまった」
「退職時に控除する社会保険料を間違えてしまった」
「休職になった人の給与を無給にすることを忘れてしまった」…

　以上のように、給与計算のミスの原因にはいろいろありますが、それぞれのミスの根本原因を突き詰めて考えていくと、「**誤入力**」と「**ヌケモレ**」の2つに分類することができます。

ミスの原因❶
誤入力

　これは、単純なミスではありますが、誤入力をしてしまったことにより計算結果が間違ってしまうことは多いものです。
　個人マスタの登録ミス、支給金額の登録ミスなど初歩的な誤入力

によるものもありますし、処理方法を誤解していた結果、異なる入力をして結果的に計算結果も誤ってしまうというケースもあります。

給与計算をしていくうえで、すべてを自動化することはできないので、必ず手入力作業が必要となります。しかし、手入力をするということは、やはりどうしても誤入力が発生してしまう可能性がでてきます。また、ある程度自動化した場合でも、その自動化により蓄積されたデータを「正」として処理してよいかは、人が判断することになるので、誤処理となることもあります。

手入力でデータ登録をした場合のチェックのしかたとしては、まずは**入力したデータが正しく反映されているかということを1項目ごとに確認する**単純なチェックが必要となってきます。もちろん、この方法だけでもミスを発見することは可能ですが、1回の入力チェックだけで完璧かどうかは、処理件数や処理内容によって異なります。

同じようなデータを大量に手入力した場合は、誤入力が多くあるかもしれませんが、それを発見するために行なう入力チェック自体も大変な労力ですし、ミスを発見することも案外大変です。入力件数が少ない場合や入力項目の種類が少ない場合だと、データの見逃しが少なく、チェックもしやすいので、ミスを発見することは比較的容易でしょう。

いずれにしても、システムに入力した内容が正しく入力されているかどうか、という単純な入力チェック作業では、ミスの発見率は高まりません。特に、入力データが大量にある場合には見過ごしてしまうことが多いので、単純な入力チェックをするだけではなく、別の視点からも確認することにより、自然とダブルチェックと同じ効果を得ることができます。

◎給与計算でミスが生じる2つの原因◎

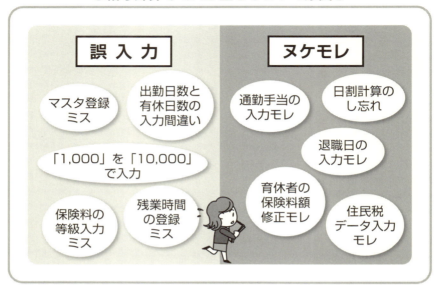

ミスの原因❷
ヌケモレ

　人の記憶には限界があります。毎月同じ作業をしていたとしても、うっかり必要な作業や確認を忘れてしまったり、たまにしか発生しない作業手順を忘れてしまったりと、どんな人でも行なうべき処理がモレてしまうことによって、結果的にミスにつながってしまった経験があるのではないでしょうか。

　私は、この忘れてしまうことを心配しなくてもいいようにするためには、「**チェックリストの整備**」**が一番**だと考えています。チェックリストさえあれば、「忘れてしまっていることはないか？」と作業途中や作業が終わったときなどに不安を感じる必要はありません。

　チェックリストは、業務内容自体の理解をサポートしてくれるツールではなく、**処理手順とチェックする項目を気づかせてくれるツ**

ールとして、記憶力の補てんをしてくれる最強のツールとなります。

　このように、チェックリストの重要性に気づいたのは、もともと以前から私自身が自分の記憶力にあまり自信がなく、絶えず自分の足りない能力を補てんしてくれるツールを考えていたということかもしれません。

　さらに、ミスをしないようにするために、またミスを処理の途中で気づくことができるようにするためには、どうすればいいかということを、絶えず考え、工夫し続けてきた経験からの結論です。

　ただし、チェックリストを整備するといっても、ただチェックすべき項目を検討して、それを羅列したリストでいいというわけではありません。それではただの普通のチェックリストであり、給与計算の業務には、一定の理念にもとづくチェック項目で構成された「**最強のチェックリスト**」でなくてはなりません。

　本書で紹介する「最強のチェックリスト」とは、一言でいうと**誰が使っても確実に同じ処理をすることができるチェックリスト**のことです。

ツールとしてのチェックリスト❷

最強チェックリストの役割と効果

 最強チェックリストの役割とは

　給与計算ミスのおもな原因である「誤入力」と「ヌケモレ」を防ぐためには、まず**業務に必要な処理手順とチェック項目を整備したチェックリストを作成**します（具体的に、最強チェックリストに必要なチェック項目については、次章で詳しく解説します）。

　実際に、最初にできたチェックリストを活用しながら処理を進めることにより、「誤入力」と「ヌケモレ」を防げるようになります。とはいえ、必ずしも最初から完璧なチェックリストをつくることは難しいですし、作成後もミスをしたり不足事項があったりと、チェックリストを改善する余地が必ず出てきます。

　むしろ、最初から完璧な最強チェックリストができるとは、思わないほうがいいかもしれません。

　チェックリストは毎月、処理実績から得た内容を踏まえて、メンテナンスしていきます。それは、チェックリストを活用した結果を着実に次月以降の処理に反映し、活かしていくためなので、忘れずにメンテナンスをしていきます。

　このメンテナンスの積み重ねにより、普通のチェックリストが「**最強のチェックリスト**」に育てられていくことになり、結果的にミスのない給与計算処理ができるようになります。

 最強チェックリストを活用すると得られる効果

　給与計算業務は、基本的には毎月すべき処理は同じです。つまり、毎月さまざまな手法を考え、生み出していくというよりは、決まっ

◎メンテナンスを繰り返して「最強」にもっていく◎

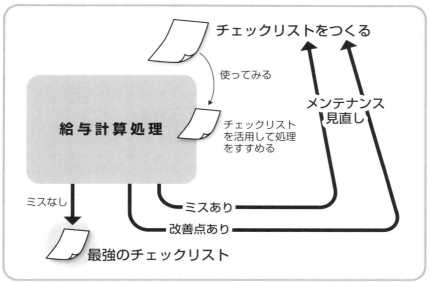

た処理を確実に行なっていくタイプの仕事です。

　毎月同じ手順を確実に行なうことが求められる給与計算だからこそ、決まっている作業方法自体を迷ったり探したりする時間は単なるロスになるといえます。迷ったり探したりする1つひとつのロス時間は短くても、業務全体では手間数が多い給与計算業務なので、細切れ時間の積み重ねによりかなりの時間をロスしてしまうことにもなります。

　給与計算は、発生する事象に応じてチェックしなければならない項目が多くあり、その処理自体を忘れてしまうと、ミスにつながってしまいます。したがって、チェック項目を忘れたり迷ったり探したりする時間は"ロス"になります。

　結果的に業務全体でみると、それぞれの作業自体はそれほど時間がかかる内容ではないのに、トータルではかなりの時間を要する仕事に化けてしまっているケースが大変多いのです。

◎チェックリストがあるのと、ないのとでは…◎

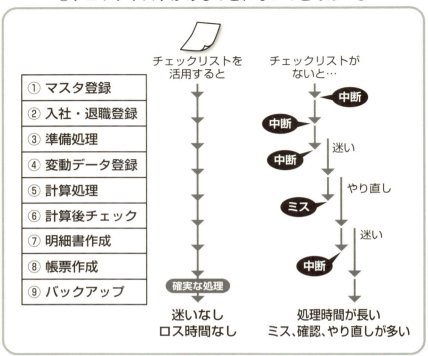

　給与計算という仕事は、定例的な作業の積み重ねなので、何度も処理をしている担当者は、着実に作業習熟度を向上させることができます。習熟度が向上すれば、作業時間も短縮できます。

　しかし、そのような担当者のオペレーション習熟度に左右されることなく、業務を安定かつスピーディーに行なうためには、処理すべき事項が処理すべき順番に記載されているチェックリストを使用することで、迷ったり探す時間をゼロに近づけることが一番効率的だと考えられます。

　毎月処理する手順の時間短縮はもちろん、たまに発生する事象によって異なる手順についても、チェックリストで明確にさせることにより、処理スピードを向上させることが可能です。

また、作業時間の問題だけではなく作業品質についても、確実に安定し向上することが可能となります。

> **一言ポイント！**
>
> チェックリストの活用効果は次の2つ！
> ①処理スピードの向上…ヌケモレ防止につながり、担当者の負担軽減にもつながります。
> ②作業品質の向上…担当者が変更となっても、作業品質は低下せず、安心して処理を任せることができます。

2-3 最強チェックリストが効果的なワケ

ツールとしてのチェックリスト❸

 行動科学からチェックリストの役割を考える

「チェックリストはあるんです」とよく聞きます。

しかし、よくよく聞いてみると、給与計算のチェックリストは作成したけれど、あまり活用していない。つくったけれどいつの間にか使わなくなって、いまはもう古くなってしまった…。実際の処理と合っていない…。こんな話が多いのが実態です。

では、せっかくチェックリストをつくったのに、なぜ使わないようになってしまうのでしょうか。また、使わないようになってしまうということは、担当者が使う必要がないと思ってしまうからなのですが、なぜ毎月、チェックリストを使いたいと思わなくなってしまったのでしょうか？

人間の行動を分析する「応用行動分析学」というアメリカで発展した心理学があります。この行動の原理原則を導き出す考え方によれば、すべての行動は次のように分解して考えられています。

すべての行動は、「きっかけ」により「行動」し、その行動によりもたらされた「結果」によって、また新たな次の行動のきっかけへつながるという流れです。

「チェックリスト」は、この「行動」をコントロールするための「きっかけ」となる案内板の役割を担っているツールです。つまり、

◎行動科学における「チェックリスト」の役割◎

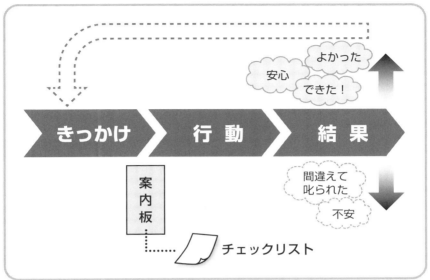

　案内板であるチェックリストを活用しながら「行動」することによって、安心して給与計算という「行動」をすることができ、その「結果」として正しく計算できるといういいことがあれば、また案内板であるチェックリストを使用して「行動」しようという「きっかけ」が生まれるという好循環がまわり始めることになります。

「強化の原理」と「弱化の原理」

　ある「行動」をすることにより、いい結果が起こったり悪いことがなくなったりすると、その行動は繰り返されるという**「強化の原理」**が起きます。その逆に、何か悪いことが起こったりいいことがなかったりすると、その行動は繰り返されなくなります。これを**「弱化の原理」**といいます。

　給与計算のチェックリストが行動の案内板になる、といっても少しイメージがつきにくいかもしれないので、ふだんの人間の行動を

例にとって説明してみましょう。

　居酒屋の入り口に「ビール冷えています」という看板があり、実際に入店し、ビールを注文したところギンギンに冷えているビールが出てくると、「この居酒屋のビールは冷えていて美味しい！」という記憶が残り、またこの居酒屋に行けば冷えたビールが飲めるので、また行きたくなります。

　逆に、ぬるくてまずいビールが出てきたとしたら、その居酒屋に行ってもビールを注文したいとは思わなくなります。

　これが「強化の原理」と「弱化の原理」のわかりやすい例です。
　つまり、チェックリストを活用して給与計算がうまくいったり安心して処理ができたり、ミスがなくなったりすれば、「強化の原理」により、その行動を助けてくれたチェックリストを使うことに効果を感じるので、それを活用して処理する「行動」を、自然と担当者が選ぶようになるのです。
　また逆に、チェックリストを使っていても、特にいいことがなければ、その行動を案内してくれていたチェックリスト自体に効果を

感じることができず、チェックリストを使う必要も感じなくなってしまって、いつの間にか誰も使わないものになってしまう、という流れが起きます。

ただ、チェックリストをつくればいいのではなく、**そのチェックリストを使うといいことがある、安心できる、確実にできる**というモノでない限り、強化の原理は働かないため、つくったけれどそのまま誰も使わなくなり…、さらに時間の経過とともに処理の内容自体も少しずつ変化してきてしまうと…、さらに使う意味を感じなくなってしまう。この悪循環が続くことになります。

みなさんが現在使用しているチェックリストは、「強化の原理」になるようなものでしょうか。いつの間にか、担当者が使う必要を感じないものになってしまっていませんか?

一定の基準に則ってつくる最初のチェックリストは、少なくともチェックリストをつくる前と比較すると、格段にいい効果をもたらすツールとなります。そして、そのチェックリストを実際に使ってみた結果、さらに毎月メンテナンスをしていくことにより、「**最強のチェックリスト**」へ成長していくことになります。

最強のチェックリストを活用しながら、毎月の給与計算をすることにより、ミスがなくなり安心して処理できるようになるので、確実に「強化の原理」が生まれて、毎月必ず使いたいと思い続けるようになっていきます。

2-4 チェック項目はどのように決めるのか

ツールとしてのチェックリスト❹

 チェック項目を決めるポイントは2つ

2－1（36ページ）でも述べたように、給与計算ミスの原因は「誤入力」と「ヌケモレ」の2つです。

また、なぜ誤入力するかというと、単純なミスもありますが、そのほかにも処理方法が具体的な作業ベースまで落としこまれていないため、実際に作業をしようとすると、何をすればいいかがすぐには判断できずに、迷ったり作業方法を過去の事例から探したりすることにより、結果的に入力する箇所を間違ってしまうというケースも案外多いものです。

したがって、ミスを減らすためには次の2つのポイントを踏まえてチェック項目を決定していきます。

―【チェック項目を決定するポイント】―
① 「手順」を具体的な作業レベルまで明確にし、作業順序と同じ並び順で列記すること
② 「モレ」がないように、発生する可能性を網羅した項目にすること

たとえば、作業レベルについてチェックするには、次のようなチェック項目を設定すればよいでしょう。

【作業レベルのチェック項目の具体例】

①勤怠データの合計値と計算結果の合計値が一致していること

②前月退職者の基本給がゼロになっていること

③前月入社者の社会保険料控除が始まっていること

④今月入社者は、雇用保険料のみ控除されていること（社会保険料は、初月は控除なし）

⑤住宅手当の合計が前月合計値に今月の出入を反映した値になっていること

一言ポイント！

「○○をチェックする」など、具体的な作業をどのようにすればいいのかが明確でない表現は避ける！

2-5 給与計算チェックリストの種類❶
毎月の給与計算で使用する「月次チェックリスト」

 月次チェックリストを軸に個別シートも作成

　毎月の給与計算で使用する「月次チェックリスト」は、原則としてＡ４判１枚におさまる量のチェック項目数が使い勝手がよいです。

　Ａ４判１枚にはおさまらないチェック項目の数が必要だとしても、最大でも２枚にはおさまる程度の量に抑えます。

　毎月の月次処理に慣れてきたときに、チェック項目があまりにも多すぎると、全項目をチェックすることが面倒くさくなってしまい、担当者の勝手な判断で省略してしまいがちになるからです。**チェック項目数は多くなりすぎないように厳選しておく**ことがポイントです。簡潔に必要なポイントをまとめるようにしましょう。

　月次チェックリストは、毎月の全体の流れと進捗管理も兼ねる給与計算業務の基本となるツールですが、そのほかに必要なチェックリストとしては、入社、退職、休職等に関するチェックリストをつくることも考えられます。

　これらは、処理対象となる社員１人ごとに、個別に処理をしていかなければならない手続きがあるため、それぞれの処理が完了したかどうかの進捗管理の要素を含めた管理シート形式にすることも可能です。

　入社・退職については、当月の給与計算において特別な処理や手続きが必要となるため、「○月入社リスト」というように、１か月ごとにまとめて管理します。

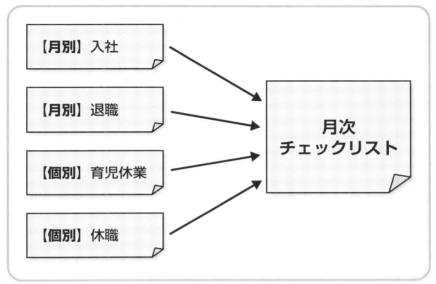

　毎月の入社者・退職者が少ない会社であっても、やはり個別管理シートを使用して処理の進捗管理をするほうが安心です。

　育児休業や傷病による休職などについては、当月の給与計算処理だけではなく、対象者となった月から継続して特別な処理が続きます。そこで、その月の対象者を一元管理するというよりは、個人別の進捗管理表を作成して月の処理をまたいで管理していきます。

　「入社・退職者リスト」「育児休業・休職者管理表」などの役割は、月次チェックリストでは網羅できない詳細な作業項目の進捗管理です。あくまでも月次チェックリストが毎月の処理のなかでは基本軸となります。

情報管理ツールの活用

 年間スケジュールリストを用意しておく

　給与計算は、毎月の処理の積み重ねなので、前月からの続きと来月への情報の申し送りといった継続した流れがあります。したがって、処理をしている途中で翌月以降への**申し送り事項**が発生することが多くあります。

　たとえば、「来月からAさんの○○手当をゼロにする」などという細かい申し送り事項をメモしておくだけで、翌月に処理するときには確実に気づいて処理することが可能となります。

　このような流れを管理する1年単位の処理を確認できる「年間スケジュールリスト」があると確実に管理することができるようになります（「年間スケジュール表」のサンプルは3章、125ページ参照）。

　年間スケジュールは、チェックリストとしてあらかじめ作成する段階では、決まった年次業務を入れ込むだけとなるので、きわめてシンプルな形式です。

　その後、毎月の処理を進めていくうえで、処理結果によって出てきた翌月以降への申し送り事項を記入していきます。申し送り事項は、翌月だけではなく、数か月後に変更処理が必要となるケースもあるので、翌月以降の予定を確実に記録しておくためには必須のツールです。

　具体的な使い方としては、年初に1枚作成しておき、給与計算処理のファイルの見開きのページに貼り付けるなどして、自然と毎月

視野に入ってきて、自動的に気づくことができるようにしておきます。

　その他の方法としては、給与計算ファイルに色つきのクリアファイルなど目立つものを用意して、そのクリアファイルのなかに**翌月以降の申し送り事項**をまとめて入れておく、という方法もあります。

　年間を通して定例的な業務は、年間スケジュールで管理できますが、発生ベースで起きることへの対応は、特別な処理として情報を決まった場所にまとめておくことが重要です。

　とにかく、処理を忘れることがないように、「**気づきを与える**」ことが最も大切な役割となります。さらに、いつでも手軽に書き込める形式で、メモする場所を探すことなく記入することができるように、定位置にいつもセットしておきます。

2-7 給与計算チェックリストの種類❸
年次業務のチェックリストの作成

 毎年、メンテナンスしていくことが重要

　担当者には、毎月の給与計算業務以外にも、年次業務もあるので、それぞれに対応するチェックリストを作成します。

　年次業務は、1年に1回、たまに行なう処理だからこそ、チェックリストにノウハウを盛り込んで記録しておくと効果が高くなります。チェックリストとしての効果はもちろん、全実績や処理スケジュールを記録しておくことになるので、前年にどのような処理をしたかを調べたり探したりすることなく、スムーズに処理することが可能となります。

　年次業務チェックリストを作成することにより、処理スピードは格段に高まりますし、前年実績を反映することにより、同じようなミスを防止することもできます。

　毎年、年次業務の終了後には、チェックリストをメンテナンスすることを忘れないようにして、活用していきます。

　メンテナンスすることは、煩雑な業務のような気がするかもしれませんが、翌年に同じ情報を思い出す（または探し出す）ことを考えれば、当年の処理が終わった後にメンテナンスするのであれば、まだまだ記憶に新しいため、実際には半分以下の時間で業務を終わらせることができます。けっして面倒だとは思わずに、必ずメンテナンスするようにしてください。

【年次業務のチェックリストの具体例】
- ●賞与処理
- ●住民税処理

◎チェックリストの構成◎

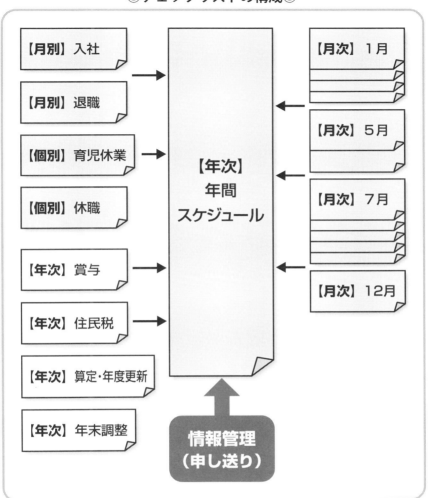

- 社会保険料算定処理
- 労働保険年度更新処理
- 年末調整処理
- 給与支払報告書処理

チェックリスト作成の準備

まず、全体の流れを決めよう

 全体のバランスを確認しながら作成する

　チェックリストを作成するためには、まず**全体の流れ**を決めます。

　その後、事象別のチェック項目を検討し、全体の流れで決めた大項目となる手順の内訳となる詳細項目を検討して列挙していきます。

　そのうえで、最後に「重複がないか」「順序は適切か」などの全体のバランスを確認していくことで、チェックリストを完成させることができます。

　チェックリストを作成する際の全体の流れは、次ページ図のとおりです。

　さあ、あなたもチェックリストの作成を始めましょう！
　58ページからの項目を1つひとつ確認し、最強のチェックリスト第1版の完成をめざしましょう！

◎最強チェックリストをつくるときの全体の流れ◎

全体の処理の流れを考えながら処理手順の大項目を決める

それぞれの大項目の内訳となる詳細項目を列挙し、それぞれの処理の目的を確認する

　　　事象別のチェック項目
　　　オペレーションサポートチェック項目
　　　合計値のチェック項目
　　　理論値・つじつまのチェック項目

大項目に詳細項目となるチェック項目を入れ込み、チェックリストを作成する

全体のバランスを確認して修正する

　　　重複がないか
　　　順序は適切か
　　　過剰なチェック項目になっていないか

⑤ 完　成！

2-9 手順の項目とスケジュール❶

作業全体の処理手順を決める

 給与計算の処理手順の考え方

チェックリストは、ただチェックする項目を羅列すればいいわけではありません。**実際の処理手順と同じ並び順にチェック項目を書いていくことがポイント**です。

実際の処理手順とチェックする順序が同じになるので、並び順を意識するだけで、チェックリスト自体が手順書やマニュアルを兼ねることができるようになるという大きな効果があります。

では、具体的に給与計算の処理手順について考えてみましょう。

給与計算は、市販の給与計算システムを使用して処理している会社が多いと思います。その場合の手順は、やはりその使用する給与計算システムに依存するので、基本的には給与計算システムのオペレーション方法に準じて手順が確定すると考えます。

しかし、簡単に「手順」といっても、給与計算システムに付属しているマニュアルや手順書どおりに考えれば、完璧というわけではなく、**それぞれの会社の処理基準や状況に応じて**システムのオペレーション手順を調整して決定するようにしなければなりません。

給与計算システムのマニュアルに記載されている一般的な作業手順に対して、会社ごとの具体的な処理方法を効率的な順序で上乗せしていくイメージです。

◎給与計算システムのオペレーション◎

前月の給与計算確定 ← データバックアップ

↓

会社マスタ　修正 ← 組織の変更
個人マスタ　登録 ← 基本給変更
　　〃　　　修正 ← 社会保険料変更

入社登録 →
退職登録❶ →

↓

準備処理

↓

歩合給登録 → 変動データ登録 ← 勤怠データ登録

↓

計算処理

↓

給与明細書作成

↓

経理データ作成 → 帳票作成 ← 退職登録❷（退職日登録）

↓

確定！

詳細な手順を決める

 給与計算システムを理解したうえで行なう

　たとえば、給与計算システムによっては、月次処理を始める前に「給与準備処理」のようなスタートのステップがあります。

　この処理を実行することで、システム内でどのような処理がされるかということを理解していないと、この処理の前にすべきことを確定することができません。多くの場合は、個人マスタ等を事前にすべて反映しておくと、自動的に給与計算処理時に反映されるようになりますが、もし準備処理後に個人マスタの変更をすると、1つひとつ再計算をしなければならない、などということも考えられます。

　また、多くの給与計算システムでは、準備処理をすることで、前月の計算結果の実績修正はできなくなり、後戻りができません。したがって、準備処理は前月の処理が終わったあとに行なうのではなく、**当月の処理を始める直前に行なう**ことで、計算後に修正があった場合も対応できる期間を確保しておくことが可能となります。

　なお、「遡り修正」ができるシステムであっても、税金や社会保険料などのことを考えると、正しく調整できないケースが多いので、さかのぼって計算結果の実績を修正することはお勧めしません。

 給与計算の際に確認すべきポイント

　給与計算システムの処理ごとの動きをすべて理解するのは大変ですが、一般的な給与計算をする場合は、以下のポイントさえ確認し

ておけば安心です。

確認ポイント❶
個人マスタが計算処理に反映されるタイミング

　計算処理が実行されたあとで個人マスタを変更しても、再計算という手順を踏まないかぎり、自動的には反映されないシステムが多いです。そのほか、社会保険の標準報酬月額データについては、別の手順を踏まないと反映されないケースもあるので、**計算処理前までに、どこまでのデータを登録しておくべきなのか**という点の確認が必要です。

　また、一度計算処理がされたあとに、再計算をする場合に何が反映され、何が元に戻るのかという観点で確認しておくことも大切です。再計算をしたことで、修正したことだけが反映されるのではなく、デフォルト値に戻ってしまうなどの処理内容を把握しておくとイレギュラーな対応が必要となった場合も万全です。

確認ポイント❷
退職情報の登録により影響する範囲

　退職情報とは、退職区分や退職日、社会保険等の資格喪失日などシステムによって登録する項目内容は異なりますが、最終的にはすべての項目登録が必要となります。

　しかし、登録することにより在職者と一緒に計算処理ができない場合や、勤怠データなどのデータインポートや計算結果データのエクスポートにおいて対象外となるケースがあります。つまり、計算処理において、「退職者」がどのような扱いになっているのかという点を確認しておく必要があります。

　退職日の登録をしただけで、必要に応じて社会保険料の控除額が反映される（たとえば、月末退職の場合には2か月分控除となる）

ケースもあるので、あらかじめ登録しておくべきシステムもあります。退職の登録処理については、**どのタイミングでどこまでの情報を登録する必要があるのか**というポイントで確認してください。

確認ポイント❸
育児休業者や傷病休職者の個人マスタの登録内容

産休、育児休業、傷病休職と、同じように給与支給額がゼロになる場合であっても、具体的な処理内容は異なります。

この場合に、個人マスタではどのような登録をし、毎月の給与計算ではどのような処理をするのかということを決めなくてはなりませんが、**個人マスタにどのような内容を登録すると、どのような処理がされるのか**という点を理解していないと、正しい処理はできないので処理内容の確認が必要です。

┌【具体例】────────────────────
● 産休期間………給与ゼロ、社会保険料控除なし

● 育児休業期間…給与ゼロ、社会保険料控除なし

● 傷病休職期間…給与ゼロ、社会保険料控除
└─────────────────────────

確認ポイント❹
項目設定を確実にしておくべきこと
【労働保険料の算出】

年に一度の労働保険料の申告である「年度更新」に使用する保険料を算出する機能が搭載されているシステムもあります。その機能があればぜひ活用したいところですが、労働保険料は1年間の実績の積み重ねなので、どのような項目設定がされているか、マスタ設定がされているかということにより、算出されるデータの精度が異なってきます。したがって、**最初の項目設定の時点から注意が必要**

です。

支給項目の属性設定	支給項目ごとに雇用保険の対象・対象外の設定ができれば、正しく設定しておくと年間を通して確実な集計が可能となります。 役員報酬など、明確に区分が分かれるものは設定しやすいですが、雇用保険の被保険者でない人にも支給されている手当などであれば、個人の設定と項目の属性設定の両方で判断できるかどうかを確認しておく必要があります。
雇用区分の設定	雇用保険に加入しないアルバイト、役員、64歳超の雇用保険被保険者、出向者、非居住者など、個人単位で設定が可能な場合は、雇用区分単位で設定し、集計に反映させることが可能な場合があります。 ただし、複雑なケースも考えられます。たとえば、出向者と役員は雇用保険の対象外ですが、役員といっても兼務役員については、従業員としての給与部分は雇用保険料の対象となるので、個人単位だけでは区分できません。 したがって、どこまでがシステムの雇用区分で設定可能であるかを確実に把握しておくとよいでしょう。

一言ポイント！

給与計算システムがどのような処理をしてくれるのかを、ある程度理解することで、ミスなく効率的に処理を進めることができる！

2-11 手順の項目とスケジュール❸
毎月の定例業務に年次業務を組み込む

昇給があったらいつ処理するのか

給与計算システムのマニュアルは、業務処理単位別に構成されているケースが多いですが、実際には、毎月の給与計算処理の前にすべきことはどこまでなのか、どのタイミングでどの情報を反映させておくべきなのか、ということを把握して月次処理の手順に組み込んでおくと毎月の処理に迷いがなくなります。

年次業務がある月は、**通常の給与計算の前後にすべきことは何なのか**という観点で手順を明確にすることがポイントです。

【例】

5月…「昇給処理」（1か月の昇給差額計算あり）業務の組込み

昇給差額となる支給項目の設定

5月の給与計算を始める前に支給金額の変更登録

5月の給与計算処理

遡り月数の設定と昇給差額の計算処理

5月の給与計算結果へ昇給差額の反映

2-12 手順の項目とスケジュール❹
具体的なスケジュールを決める

給与支給日が銀行休業日のときは？

給与の「締め日」「支払日」は必ず決まっていますが、実際には、給与支給日は変動してしまいます。それは、給与支給日が銀行営業日ではない日、つまり振込手続きができない土・日・祝日と重なる場合があるためです。

就業規則で支給日を繰り上げると規定していれば、**前倒しの銀行営業日に支給**する必要があります。就業規則で支給日を繰り下げると規定していれば、翌銀行営業日に支給することでもかまいません。

どちらにしても、実際には給与支給日は毎月微妙に変動してしまうので、「毎月15日に計算処理をする」などというスケジュールの決め方ではなく、銀行営業日ベースで具体的なスケジュールを決めておきます。

そうすることにより、確実に処理をする時間を確保することができます。

―【特に注意するスケジュール例】―
- 25日支給の場合…9月（処理期間中に祝日が多い）
- 10、15日支給の場合…1月、5月（祝日が月初に集中している）

一言ポイント！
毎月の給与計算は、その月の実際の給与振込日から逆算してスケジュールを決定しよう！

2-13 定例業務をスケジュールに反映させる

手順の項目とスケジュール❺

 時期によって決まった処理はあらかじめ予定しておく

　新卒の新入社員が入社してくる4月や、定期異動の時期などは、マスタ登録処理数が多くなるので、処理時間の確保が必要です。
　このように、あらかじめ処理に時間がかかる月がはっきりしている場合は、想定される処理件数や処理内容も考慮して年間スケジュールに反映させておくと安心です。

　給与計算業務は、誰でもできる仕事ではなく、社員の個人情報を預かって処理する重要な仕事ですが、1人で担当しているケースも多いため、「給与計算の担当は私1人だから、スケジュール管理なんて適当で大丈夫！」と考えがちです。
　しかし、給与計算の処理スケジュールは担当者だけのものではありません。
　通勤手当の変更や住所変更など、社員からの申請情報を収集するタイミングや、勤怠データの確認、確定や歩合給の情報など社内の他部署から提出される情報を反映させるタイミングなど、1人で完結するものばかりではないからです（次ページの図参照）。

　実際に作業をする時間をしっかり確保できるように、社内調整しておくことで、毎月安定した処理ができるようになるので、**業務量や実際の支給日の変動にあわせて作成したスケジュールを社内関係者で共有できるようにしておく**と安心です。

◎給与担当者のスケジュールに反映させることはいっぱい！◎

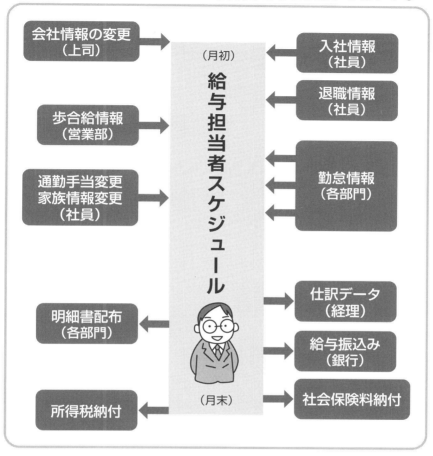

　1年を通じた業務全体を考えると、年末調整が最も作業量が多く、扶養控除等申告書や保険料控除申告書などの配布、回収、チェック、計算処理と長期にわたる処理となります。

　年末調整は一大イベントなので、どの会社でもあらかじめスケジュールを決めて進めているとは思いますが、11月ごろから翌年1月末にかけては、年末調整関係の申告書の配布に始まり、賞与処理、年末調整計算、月次給与計算、各種法定調書の作成、給与支払報告

◎給与計算業務にプラスされる定例業務とは◎

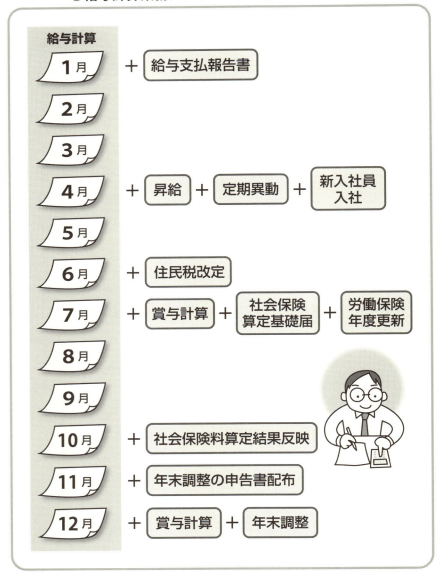

書の処理…と、ずっと継続した業務が続くので、仕事の全体像を考慮したスケジュールをあらかじめ立てておくことが大切です。

CHECKLIST

3章

最強チェックリストに必要な項目のつくり方

最強チェックリストとするためにはどんな項目を織り込んだらよいのか、みていきましょう。

チェック項目の書き方❶

チェック項目はどのように書くのか

 「確認する」だけではチェック項目にならない

　いよいよチェックリストに記載するチェック項目をつくっていきましょう！
　まず、あなたが現在使っているチェックリストの項目を見てみてください。
「社会保険料を確認する」
「入社情報を確認する」
　などと書かれていませんか。実はこのようなチェック項目ではダメなのです。

　たとえば、「社会保険料を確認する」というチェック項目がなぜダメなのかというと、これでは社会保険料をどのような方法で確認するかが明確になっていないからです。
「○と△が一致していることを確認する」などとなっていれば、具体的な行動レベルになっているので、誰が業務を担当しても同じ処理ができるため、業務品質は安定します。
　極端な例では、社会保険料は給与計算ソフトなどのシステムで算出された金額なので、数字が入ってさえいれば正しいと判断する人がいます。このような場合には、実はまったくチェックしなくてもよいチェック項目となってしまっているのです。

　つまり、普通のチェックリストでは、作業品質が向上するのではなく、ただ単に処理する担当者の経験が上がることでチェック機能

◎チェック項目の悪い例・よい例◎

「社会保険料をチェックする」

↓

「末日退職者の社会保険料は2か月分控除」
「9月：9月末退職者の2か月目は新標準報酬月額分を控除」
「10月：算定基礎届の結果反映」
「前月入社者の社会保険料控除が開始」
「前月の社会保険料合計額と比較して、つじつまチェック」

も上がるようになるというしくみになってしまっているのです。

　最強のチェックリストとなるチェック項目は、できるかぎり具体的でなければなりません。「何と何を比較して合致することを確認する」というように、具体的な行動1つひとつまで落とし込んだチェック項目にすることで、初めてチェック項目の存在意義が出てきます。

一言ポイント！

チェックリストは、あくまでも行動を促す案内板！　具体的な行動へ導くことができるものでなくては意味がない！

チェック項目はすべて書く

 「慣れ」に頼るのは処理モレが生じるもと

　給与計算業務は、毎月決まった処理をすることが基本です。もちろん、給与計算にも年次業務があるので、決まった月にだけ処理することもありますが、原則、毎月処理する内容は同じです。

　たとえば、入退社の処理、休職開始時の処理、産休開始時の処理など、発生した事象に応じて必要な作業は異なりますが、それらすべての事象の有無を確認することから忘れないようにしなければなりません。

　特別な事象が発生していないため、処理することはないという結果になるとしても、確認は必要です。つまり、毎月処理することは同じだとしても、1つひとつ**「処理がないことを確認する」**ことも必要となるわけです。

　この毎月同じことをすべて完結させなくてはならない仕事を「慣れ」に頼っていると、処理がモレてしまう場合があります。また、たとえベテランの人で業務に慣れていたとしても、どこまで何を処理すれば完了となるのかが不明確だと、「これで合っているかな？完璧かな？」と不安を感じてしまい、何度も同じような確認作業を繰り返してしまいがちです。これでは、必要以上に時間がとられてしまうことになり、**効率が悪く、担当者も不安な気持ちから解放されないまま、終わりがない**と感じてしまいます。

　この「モレをなくす」ことと「完了したという安心感」を得るためには、**すべての作業工程を手順として書きだしておく**ことです。

　そして、それらの作業工程をチェック項目の形に落とし込んだチ

ェックリストを作成すれば、そのチェックリストに沿って処理をすれば確実な作業ができるうえ、処理時間も確実に短くなるという素晴らしい効果があります。

チェックリストの項目は、チェックする内容を書く

チェックすべき項目は、すべて書くことを意識してチェック項目を作成し始めたとしても、いつの間にかチェック項目ではなくオペレーション手順を書いている場合があります。

たとえば、「**社員マスタに退職日を入力する**」といった記入のしかたです。これは、退職日を登録するという手順の記載です。

ただし、退職日を登録し忘れてはいけないので、このような手順を記載することが必要と判断することは考えられます。

とはいえ、この調子でチェック項目を作成していくと、いつの間にか「チェックリスト」ではなく「手順書」になってしまいます。

手順は一切書いてはダメというわけではないのですが、本来の目的は、チェックすべき項目をすべて網羅できるようなリストにすることなので、その点を意識して作成するようにしましょう。

一言ポイント！

チェックリストには、チェックすべき項目をすべて書いて安心を！

3-3 月次チェックリストの構成を考える

手順を決める❶

チェックリストの枠組みをつくる

チェックリストのつくり方の基本事項は、前項までで終わりです。ここからは、実際に**最強のチェックリスト**をつくっていきましょう！

まず、毎月の給与計算業務の基本手順となる大枠を考えて月次チェックリストの大項目を考えてみましょう（使用する給与計算システムによって多少、処理手順が異なります）。

基本手順は、以下のようになります。

```
①個人マスタ登録・変更
②固定項目登録・変更
③給与準備処理
④変動項目登録（勤怠データを含む）
⑤計算処理
⑥計算後チェック
⑦給与明細書などの帳票類の作成
⑧計算確定後処理
```

この基本手順を大項目として、これらの大項目ごとにその内訳の詳細手順を決めていくことで、チェック項目が確定していきます。

入社、退職、休職の手順を加える

次に、入社、退職、休職の情報はどのタイミングで処理すればいいかということを検討して、前記「基本手順」に組み込んでいきま

す。

　もちろん、給与計算システムの処理基準によって多少異なります
が、一般的には、次のように考えます。

【入社】

　「入社情報」は、個人マスタをすべて登録することと同一なので、
基本手順の「①個人マスタ登録・変更」と同じタイミングで処理す
ることが一般的です。

【退職】

　「退職情報」は、次のような手順が必要です。
　「①個人マスタ登録・変更（退職区分、退職日など）」
　「②固定項目登録・変更（給与支給額・控除額、社会保険料、住
　　　民税等）」
　「④変動項目登録（日割計算関連、その他調整事項）」

　退職情報のうち、退職区分や退職日については、そのマスタを登
録することにより、どのような処理がシステム内で行なわれるのか
によって異なり、ほかの個人マスタ変更と同じタイミングでの処理
としないほうがいい場合があります。

　なお、退職日を登録すると、当月の給与計算の対象とならないケ
ースや別の処理をしなければならないケースもあります。逆に、退
職日を登録すると、自動的に控除すべき社会保険料を算出してくれ
る（2か月分）システムもあります。

　退職情報で登録すべき情報については、計算処理前と後というよ
うに、2回に分けて登録する必要があるケースもあるので、給与計
算システムの特徴を確認して決定してください。最終的には、退職
時に必要な源泉徴収票の作成がありますので、必ず退職日の登録は
必要となります。

【休職】

　給与計算システムには、「**在職区分**」がありますが、その区分が「在職」と「退職」だけではなく、「休職」という区分が存在している場合があります。さらに、詳細に「休職（支給あり）」「休職（支給なし）」と区分設定されているケースもあります。

　ここで、それぞれの区分を登録したときに、どのような処理がされるのかということを確認しておく必要があります。そのうえで、この区分を活用し、登録処理を行ないます。

　また、必ずしも計算処理上必要がなかったり、かえって手作業で毎月の修正が必要だったりする場合は、休職にかぎっては、あえて区分登録を活用しないほうがいい場合もあります。

　休職といっても、実務的には「産前産後休業」「育児休業」「介護休業」「私傷病休職」「有給の欠勤」などさまざまなパターンがあり、そのパターンによって社会保険料の免除のルールが異なり、給与支給の取扱いも違っているはずです。したがって、システムですべて自動化することは現実的ではありません。

　しかし、もしシステムの機能を活用する場合は、やはり基本手順の「①個人マスタ登録・変更」と同じタイミングで登録することになります。

　そのほか、区分登録だけで処理が完結するわけではなく、毎月の計算結果を修正することやゼロを登録する必要がある場合については、基本手順の「④変動項目登録」の処理時に一定の処理をすることになります。

計算後に処理すべき手順を決める

　給与計算結果をチェックし終わったあとは、基本手順の「⑦給与明細書などの帳票類の作成」と「⑧計算確定後処理」のステップで、チェック項目を決めるというわけではありませんが、必要な処理が

何かということを決めて手順を整理しておきます。

　これは、必要な帳票を印刷したり、データを作成したりするなどの作業で、厳密にはチェック項目というわけではありませんが、チェックリストに整理して手順を組み込んでおくことで、毎月、確実に同じ処理や帳票・データの作成をすることが容易になり、モレもなくなるので安心できます。

【計算後の業務の具体例】

- ●給与明細書の印刷
- ●退職者の源泉徴収票の印刷、封入
- ●支給控除一覧表またはデータの作成
- ●給与振込データ・住民税納付データの作成
- ●経理データの作成
- ●社会保険料月額変更対象者チェック
- ●月次バックアップの取得
- ●住民税異動届の作成・送付
- ●社会保険・雇用保険の資格喪失手続き

　住民税や社会保険・雇用保険の手続きについては、退職者ごとに個別に処理完了の有無を確認する必要があるので、別ツールで進捗管理をしてもよいでしょう。

　給与計算処理のタイミングで完結する関連手続きについては、この月次チェックリストに含めておくと効果的です。

3-4　手順を決める❷

事象別のチェックを必ず行なう

 特別な事象があったときにミスは起きやすい

　給与計算のミスは、入社時や退職時などの何か特別な事象があったときに多く発生します。それは、登録する項目が多いことや処理手順が多いため、誤入力や入力モレなどが起きる可能性が高くなってしまうためです。

　事象別ということで考えると、会社が処理するタイミングをコントロールできる事象と、社員からの申請により発生する事象（会社でタイミングをコントロールできない事象）の2つに区分することができます。

　会社側でタイミングをコントロールできない社員の申請による変更事象については、どのタイミングまでの申請を当月の処理にするのかという「**仕切り**」が大変重要です。

　事象に応じた処理を追加で何度も行なうことは、処理時間を長引かせるだけではなく、何度もチェックを繰り返すことになるので、ミスが生じる可能性を高めてしまいます。

　したがって、スケジュールを仕切って月次処理を進めることで、ミスを防ぐことができるのです。

【会社がタイミングをコントロールできる事象の具体例】
- 入社
- 退職
- 所属異動

- ●昇降格・昇降給
- ●休職

【社員からの申請によって発生する事象の具体例】
- ●産休
- ●育児休業・介護休業
- ●住所変更
- ●結婚・離婚
- ●扶養家族の増減

　それぞれの事象に応じたチェック項目を確立して、モレなくチェックができるようなしくみづくりが大切です。単純な入力チェックについては、単に入力したとおりに反映されているかという確認をするのみなので、それ以外の角度から確認していくチェックポイントについて、次項以降で事象ごとに解説していきましょう。

3-5 入社時のチェックのしかた

手順を決める❸

 どんなチェック項目が必要か

　入社時には、すべての個人マスタを登録するので、登録データが正しく反映されているかどうかを個別に確認することが最も重要ですが、それ以外にも、入社した月の給与計算で特に注意しておくべき事項があります。

　また、万一、個人マスタの登録に誤りがあった場合でも、計算結果から誤りを発見することができるようなチェック項目を設定しておくことが有効です。

　給与の締め日・支払日によって社会保険料控除の開始タイミングが異なることや、日割計算の方法も会社によって異なりますが、ポイントとなる主なチェック項目は、次のとおりです。

┌─【チェック項目の具体例】─────────────
│ ①（月中入社の場合）固定項目は日割計算がされているか
│ ②（月中入社の場合）通勤費は日割計算がされているか
│ ③社会保険料は控除しない（当月支給の場合）
│ ④社会保険料の控除開始（翌月支給の場合）
│ ⑤雇用保険料の控除
│ ⑥住民税の引継ぎ（任意）
│ ⑦年次有給休暇の付与（任意）
└─────────────────────────

日割計算の方法

　日割計算が、自動的に計算処理できるように給与計算システムに組み込まれている場合は、対象となる日数を正しく入力さえすれば問題ありませんが、もし手計算で日割計算をするような場合は、チェックリストの欄外に計算式を表記しておくとスピーディーに計算することが可能です。

　手計算が必要になるたびに、就業規則や給与規程で該当する規定を探す時間は非常にロスとなるので、**処理に必要な運用仕様はチェックリストに含め**てしまいます。しかし、処理基準や運用仕様が多くある企業では、それらをまとめて「仕様書」としておくことも一案です（後述の102ページ参照）。

　日割計算の方法は、各会社の就業規則に定めるとおりに処理することが基本ですが、明確に定義していない場合もあります。その場合は、一定のルールを決めて、その後はどの社員に対しても同じ計算方法で対応します。

　日割計算をする際の分母は「**所定労働日数**」か「**暦日数**」のどちらかで算出することになります。暦日数であれば迷いはないですが、所定労働日数の場合は、次の２つのポイントを考慮して決定します。

> ①**対象月の所定労働日数とする**
> 　→この場合、月によって１日あたりの単価が変動してしまう。
>
> ②**年平均の所定労働日数とする**
> 　→年平均の所定労働日数が実際の対象月の所定労働日数と一致しない場合は、出勤日数分を支給する方法（**加算式**）で算出するか、出勤しなかった日数分を控除する方法（**控除式**）で算出するかで、実支給額が異なる。

【加算式の特徴】

所定労働日数が多い月に日割控除される日数が少ないケースだと、積み上げていくと満額出てしまう場合があります。

┌─【具体例】
● 月の所定労働日数…22日
● 年平均所定労働日数…20.3日
● 加算する日数…21日分
　→この場合、「日割りなし」と同じ結果となる
└

【控除式の特徴】

所定労働日数が多い月に日割控除される日数が多いケースだと、出勤日数があっても全額控除となってしまう場合があります。

┌─【具体例】
● 月の所定労働日数…22日
● 年平均所定労働日数…20.3日
● 控除する日数…21日分
　→1日出勤していても「全額控除」と同じ結果となる
└

実際に出勤した日数に応じて加算式と控除式を使い分ける方法とする規定例は、次のようになります。

┌─【規定例】
第○条　日割計算の方法
1．日割計算の1日あたりの給与額は、以下の計算式によります。
　　日額＝所定内賃金÷1か月の平均所定労働日数
　　1か月の平均所定労働日数
　　　＝（365（または366）−年間所定休日数）÷12

◎給与の日割計算のしくみ◎

各月の所定労働日数

平均20.3日

1月	19日
2月	19日
3月	20日
4月	21日
5月	21日
6月	20日
7月	22日
8月	22日
9月	19日
10月	22日
11月	20日
12月	19日

日額単価は20.3日
で算出しているの
で……

**年平均所定労働日数より対象月の
所定労働日数のほうが多い場合**

**加算式
の場合**　支給する日数が20.3日よ
り多いと、全額支給以上に
なってしまう

**控除式
の場合**　控除する日数が20.3日よ
り多いと、1日出勤してい
ても支給ゼロになってしま
う

2．日割計算の方法は、次のとおりとします。

●勤務日数が10日以下の場合（加算式）

…日額×勤務日数

●勤務日数が10日超の場合（控除式）

…所定内賃金−（日額×欠勤日数）

一言ポイント！

日割計算を年平均所定労働日数で算出する場合は、実際の出
勤日数に応じて加算式か控除式かを選択するルールが最も厳密！

手順を決める❹

退職時のチェックのしかた

 どんなチェック項目が必要か

　退職時には、個人マスタに登録しなければならない情報がありますが、それぞれどのタイミングで登録するかを決めておきます。

　入社時のチェック項目と同様に、会社の設定によってチェック内容は異なりますが、ポイントとなる主なチェック項目は、次のとおりです。

―【チェック項目の具体例】――――――――――――――――
① （月中退職の場合）固定項目は日割計算処理がされているか
② （月中退職の場合）通勤費は日割計算処理、精算処理がされているか
③ （月末退職の場合）社会保険料2か月分控除（当月支給の場合）／9月末退職の場合は要注意
④ （月中退職の場合）社会保険料1か月分控除（当月支給の場合）
⑤ （月末退職の場合）社会保険料1か月分控除（翌月支給の場合）
⑥ （月中退職の場合）社会保険料控除なし（翌月支給の場合）
⑦住民税は一括徴収か？　1か月分控除か？
⑧固定支給額がゼロになっているか（最終給与が残業代のみの場合）

退職した人の個人マスタの状態

　前ページのチェック項目「⑧固定支給額がゼロになっているか」は、固定支給分は当月支給で、時間外労働などの勤怠実績によって金額が確定する手当が翌月に支給される会社の場合に発生する事象で、最後の給与が残業代のみとなるケースです。

　この場合、退職後に支給される給与では、基本給などの固定支給分は支給されないので、個人マスタの基本給を「ゼロ」と登録して計算処理する方法か、計算処理をした後の実績を「ゼロ」に上書き修正するだけで個人マスタをわざわざ「ゼロ」にはしないという方法の2種類が考えられます。

　一般的には、後者の実績を「ゼロ」と上書き修正する方法で処理しますが、個人マスタを直接修正してしまっても計算結果は同じです。ただし、退職した人の個人マスタが全員「ゼロ」となってしまうことになるので、支給実績を修正するだけで対処するほうが現実的です。

　これは、基本給だけでなく住民税の控除などでも同じことがいえますが、住民税の控除額データが6月と7月以降の2種類しか管理されていない場合は、やはり実績で修正するのが現実的です（給与計算システムによっては、個人マスタで各月の住民税額を登録可能なものもあるので、その場合は実績データと同様に個人マスタを修正登録します）。

一言ポイント！

退職した人の個人マスタは、最終的にどのようにメンテナンスがされた状態がいいかを決めることで、退職の登録内容が変わる！

◎社会保険料を2か月分控除するしくみ◎

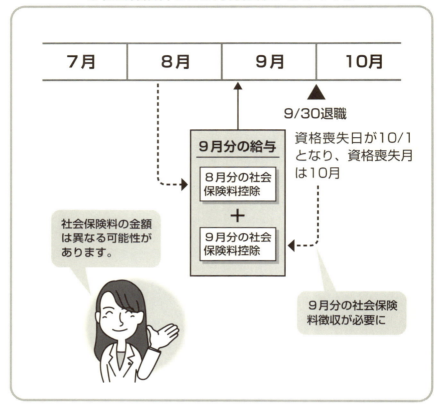

社会保険料の2か月分控除

　チェック項目に「③（月末退職の場合）社会保険料2か月分控除（当月支給の場合）／9月末退職の場合は要注意」とあります。

　これは、給与が当月支給の会社の場合で、月末退職の人に対しては社会保険料を2か月分控除する必要があるということです。

　この場合、通常月は、単純に控除している社会保険料を2倍すればよいのですが、9月末退職の場合にかぎっては、**2か月分目の社会保険料は、定時決定の結果で確定した新しい標準報酬月額の等級で算出**しなければなりません。単純に2倍して控除すると間違って

しまうことがあるので注意してください。

　細かいポイントですが、9月末退職の場合だけは注意する必要があるので、チェック項目で「気づき」ができるように明記しておきます。

一言ポイント！
9月末退職者の社会保険料控除は要注意！

 ## 通勤費の精算のしかた

　通勤費の精算については、会社のルール次第なので法的制限はありません。しかし、ルールが不明確になっているケースが多いので、ぜひ整理していただき、就業規則や給与規程で精算ルールを定めてください。

　ちなみに、6か月定期代を支給している場合で、支給対象期間の途中で退職となった場合の精算ですが、単純に6か月定期代を6で割って1か月分を算出し、退職後の月数分を戻してもらうという方法でも違法ではないので可能です。もちろん、精算したときの手数料も含めて会社が実費を全額負担する形式でもよいです。

　通勤費については、一定のルールが決まれば、どの社員に対しても同じ基準で精算することが大切です。

一言ポイント！
通勤費の精算ルールは、明確な一定基準の策定を！

手順を決める❺

所属異動時のチェックのしかた

 異動に伴う変更事項はないか確認を

　所属異動については、定期異動のように一斉に多くの異動がある場合は、個人マスタ登録に余裕をもって着手しておきます。組織改編もあるときは、所属コード表自体の変更も必要となり、作業に時間がかかるので、作業時間の確保も考えておかなければなりません。

　所属異動があった場合のポイントとなる主なチェック項目は、次のとおりです。

【チェック項目の具体例】
①所属コードの変更
②異動に伴う住所変更はないか → 通勤手当の変更はないか
③異動に伴う住宅手当などの手当額の変更はないか
④異動だけでなく昇降給がないか → 各手当の確認

　個人マスタの変更により、その変更だけではなく付随して別の情報も変更となることが考えられます。その一例が、上記②と③の「異動→住所変更→通勤手当変更・住宅手当変更」です。

　このように、本人が申請してこない場合であっても、変更の可能性がある場合は担当者から確認をとっておけば、後日さかのぼって処理をするようなことがなくなるのでスムーズです。

 所属部署や職務に応じた変更事項に要注意

　所属部署の異動だけではなく、昇格・降格、職務変更、出向など

のいわゆる人事異動によって、給与計算へも反映させなければならないことがあります。毎月発生することではないため、何をどのように処理する必要があるのか、チェック項目は何か、という情報をまとめておくことも必要です。

　人数が少なく、複数の区分がない会社は、発生ベースでチェックすることで足りますが、特に次の事項に当てはまる会社は、処理基準をまとめて一覧表にしておくと効果的です。

①複雑な組織で人数が多い

②職務に応じて給与基準が異なる

③拠点が多く、地域により給与基準や手当が異なる

④出向先が多く、出向先に応じた対応が異なる

⑤職位や職務に応じた手当があり、昇格以外でも手当が変動する

【処理基準の例】

事　象		チェック項目
所属異動	転居なし	□ 所属コード変更
	転居あり	□ 所属コード変更
		□ （札幌支店）寒冷地手当チェック
		□ 通勤手当変更
		□ 住所変更／住宅手当変更
職務変更	事務→営業	□ 営業手当支給
		□ 時間外計算処理パターンの変更
	営業→事務	□ 営業手当削除
		□ 時間外計算処理パターンの変更
出向（出・戻）		□ 労働時間管理パターンの変更
		□ 調整手当チェック
		□ 通勤手当変更
		□ 住所変更／住宅手当変更

手順を決める❻

昇降格・昇降給時の
チェックのしかた

 基本給だけでなく手当にも変更はないか

　昇降格や昇降給は、給与額の変更となりますが、単純に基本給だけが変更になるわけではなく、手当などへの影響もあり得るので、影響のある手当についても確認することで、変更する範囲が網羅できるようになります。

　ポイントとなる主なチェック項目は、次のとおりです。

【具体的なチェック項目】
①基本給の変更
②その他手当の変更
③時間外手当の単価変更（自動設定の場合は不要）
④昇給差額（遡及）がないか

 時間外手当の単価変更の注意点

　時間外手当の支給タイミングが固定的給与と異なる場合には、単価変更をするタイミングを間違えないようにします。

【具体例】
● 給与締め日…月末
● 給与支給日…固定的給与は当月、時間外手当は翌月25日支給

　この場合は、時間外手当の単価が変更になるのは、翌月25日に支給する分からです。当月に支給する時間外手当は、前月の給与額（固定的給与）をもとに決定した単価で算出します。

時間外手当の単価設定が自動的に前月給与情報から反映されるようなシステムであれば意識しなくてよいですが、手動で単価設定変更をする場合は、変更するタイミングは翌月になるので注意しましょう。

一言ポイント！
変更処理が翌月まである場合は、申し送り事項とする！

昇給差額の遡及処理

　昇給や昇格が決定するタイミングが遅れたことによって、**遡及処理**が必要というケースがあります。

　この場合、昇給等による差額分は、基本給などの固定項目に合算せずに、「**昇給差額**」などの別手当で支給する方法が望ましいです。処理後に、社会保険料の定時決定や随時改定の手続きをする場合に、別項目になっていると、確認と管理が容易になります。

　純粋な昇給分については、新基本給としてマスタ変更を行ないます。

　なお、昇給の場合にかぎらず、降給の場合も同じ処理方法となり、遡及処理についてはマイナス支給をする形となります。

一言ポイント！
計算結果は、あとからだれでも経過を確認しやすい設定で！

手順を決める❼

3-9 傷病等による休職時のチェックのしかた

 給与がゼロになることに伴う対応を

休職については法的な制限はないので、会社ごとのルールに準じて処理します。

欠勤が始まり、その後、休職が決定したあとの給与は、一般的には支給額ゼロになり、社会保険料の控除だけがあるという状態になります（休職中も給与の一部が支給されるというルールもあり得ます）。この場合のマスタ登録はどのようにするのか、支給項目は「0」登録しておくのか、毎月の実績として「0」と上書き入力するのか、などの処理方法を決めることになります。

ちなみに、休職時の住民税の特別徴収については必須ではありません。特別徴収にしておくと、本人から振り込んでもらう金額が増えてしまうので、長期にわたる休職の場合は、普通徴収に切り替えて本人が直接納付するようにするケースが多いです。

休職の場合の主なチェック項目は、次のとおりです。

┌─【チェック項目の具体例】──────────────
│ ①支給額、住民税、その他控除項目もすべてゼロ
│ ②社会保険料控除 → 本人への請求書作成
│ ③健康保険の給付金（傷病手当金）の手続き
└──────────────────────────

 立替金の請求

支給する給与がゼロになるので、休職社員が負担すべき社会保険料は、一時的に会社が立て替えることになってしまいます。したが

ってこの分は、毎月、本人へ請求することが望ましいです。

復職してからまとめて振り込んでもらおうとすると、休職期間の長さによっては高額になってしまうことがあり、なかなか振込みができないケースが多いものです。そこで、少しずつ振り込んでもらえるように、毎月、本人負担分の請求書を作成して振込依頼をしておきましょう。

健康保険の給付金の手続き

健康保険組合に加入している会社で、休職社員が傷病手当金の請求をしている場合は、会社を経由して本人に振り込むケースもあります。この場合には、給与支給の処理時に振込手続きをすることも可能です。あくまでも預かっている健保の給付金を振り込むだけなので、給与の**控除項目でマイナス控除する**ことで、給与計算処理に含めてしまうことも可能です。

ただし、本人負担である健康保険料などと相殺する場合は、必ず本人の同意が必要なので勝手に相殺処理をしないようにしましょう。

社会保険料の定時決定

給与計算処理のチェックへの直接の影響はありませんが、毎月、正しく実績データを登録しておけば、社会保険料の定時決定を給与計算システムで処理するときにスムーズに行なえます。

支払基礎日数が正しく登録できるように、勤怠データの登録には注意しましょう。

> **一言ポイント！**
> マスタ登録をどこまで行ない、毎月の処理では何を行なうのかというルールを決めておく！

手順を決める❽

3-10 産休・育児休業時のチェックのしかた

 節目の時期でのチェックが必要

　女性社員が出産し、その後、育児休業を取得するという場合、給与計算処理の内容は少し複雑になるので注意が必要です。

　出産日を入力すれば、社会保険料の控除が自動にできるという給与計算システムはほとんどないと思いますので、どのタイミングで給与がゼロになり、社会保険料の免除はいつからになるのか、ということをしっかりチェックする必要があります。

　それぞれの時期におけるチェック項目は以下のとおりです。

【産休開始月分のチェック項目】
①産休から給与がゼロとなる日割計算の処理がされているか
②通勤手当が日割計算されているか
③社会保険料免除開始（産前産後休業開始月から免除）
④住民税1か月分控除（これで終了）→ 普通徴収切替手続き

【産休開始月の翌月分から産休終了月分（＝育児休業開始月）までのチェック項目】
①給与、通勤費、住民税ゼロ
②社会保険料控除なし

【育児休業開始月の翌月分以降のチェック項目】
①給与、通勤費、住民税ゼロ
②社会保険料控除なし

【育児休業終了月のチェック項目（当月支給の場合）】
①復帰以降の給与、通勤費の日割計算
②社会保険料控除なし（免除は育休終了日の翌日の月の前月分まで）

【育児休業終了月の翌月以降のチェック項目（当月支給の場合）】
①復帰以降の給与、通勤費全額支給
②社会保険料控除開始（免除は育休終了日の翌日の月の前月分まで）

　産休から育児休業に入り復帰するまでの期間は、給与がゼロになるタイミングや社会保険料が免除になるタイミングなど、誤った判断や処理を失念してしまうことが多いため、ミスが起きやすい時期といえます。

　また、出産予定日によって仮の予定は決まるものの、出産日が明確になった時点で、その後の処理期日が確定することになるので、**具体的なスケジュールを個人別に作成してチェックしていくことで、**ミスを防ぐようにします。

一言ポイント！
産休から育児休業にかけては、対象者１人ずつの個別スケジュールの確認が必要！

手順を決める❾

住所変更時のチェックのしかた

 付随する変更がないか確認を

　社員の住所変更に伴い、給与計算に必要な情報が変更となる可能性がある事項は案外あります。

　ミスをしないためには、**変更がないことを確認することに意味がある**ので、変更の可能性がある事項については、すべて確認しておきます。

　住所変更の場合に変更を要する可能性があるチェック項目は次のとおりです。

【チェック項目の具体例】
①現住所の変更
②住民票の変更もあるか（年末調整時に確認する事項）
③通勤手当の変更（精算の有無）
④住宅手当の変更
⑤社宅関連事項の変更

　これらについては、チェックリストで変更があるかどうかを確認できるしくみにしておく必要がありますが、実際には、給与計算処理をする前からチェック項目を網羅して、すべての情報を収集できていると、実作業をしているときには確認不要となるので、スピーディーに処理ができます。

　そのためには、情報発信者である本人から申請してもらう社内申請書自体に処理項目を追加して、担当者が何をすべきかをチェックできるようにするとスムーズです。

住所管理を行なうのは、現住所？ 住民票の住所？

　住民基本台帳法22条では、「転入をした者は、転入をした日から14日以内に住所や転入をした年月日等を市町村長に届け出なければならない」とされています。

　したがって、現住所と住民票の住所が異なることは本来あり得ません。しかし実際には、住民票の移転手続きをしていないケースもあり、現住所と住民票の住所が異なるという社員はあり得てしまいます。

　基本ルールどおり、居所が変更となった場合はすみやかに、本人に住民票の移転手続きをしてもらうことを徹底することが最もわかりやすい運用です。

　なお、社会保険の手続きについては現在、マイナンバーを介して年金事務所と住民票情報が連携されたことにより、住所変更手続き自体が不要となりました。

　1か月程度のタイムラグで住民票の変更があると、自動的に年金事務所のデータも連携して更新され、その住民票の住所地に「ねんきん定期便」が届くようになります。

　給与計算の実務においては、給与支払報告書の提出先は住民票の住所地なので、現住所（居所）を把握していなくても大きな問題はありませんが、通勤手当の支給額決定には現住所（居所）の情報も必要となるので、場合によっては二重管理となってしまう可能性があります。

手順を決める❿

結婚・離婚時のチェックのしかた

 変更事項はたくさんある

　結婚・離婚に伴って、給与計算に必要な情報が変更となる可能性がある事項は多いです。

　特に最近は、結婚した日がいつかと考えると、式を挙げた日、入籍した日、同居する日（住所変更）、という具合に変更日が複数あり、処理のモレが起きる可能性が高くなっています。

　また、離婚については、なかなか本人が申請しづらいという事情もあるためか、変更手続きが遅延することが多くなっているようですが、申請があった場合には、すべての変更事項を網羅して処理できるようなしくみづくりをしておきます。

　結婚・離婚により変更の可能性があるチェック項目は、次のとおりです。

【チェック項目の具体例】
①氏名変更
②給与振込口座の名義人変更
③家族手当の変更
④扶養家族の変更
⑤住所変更
⑥住宅手当の変更
⑦社宅関連事項の変更
⑧通勤手当の変更（精算の有無）

⑨ (社会保険手続き) 健康保険被扶養者異動届

一言ポイント！

結婚に伴う手当の変更、祝い金の支給、結婚特別休暇などについては、基準日を明確にする！
（たとえば、入籍日なのか、結婚式の日なのかなど）

手順を決める⓫

扶養家族の増減のチェックのしかた

 社員情報は絶えず最新にしておく

　扶養家族の増減については、必ずしも給与計算で直接影響があることばかりではありません。しかし、社員情報の管理という観点からいえば、給与計算システムでマスタ管理していると思いますので、いつでも最新にしておく必要があります。

　扶養家族の増減により変更の可能性があるチェック項目は、次のとおりです。

【チェック事項の具体例】
①家族手当の変更
②（源泉所得税）扶養親族の変更
③（社会保険手続き）健康保険被扶養者異動届

 家族手当の変更タイミングはどの時点？

　家族手当の変更タイミングは、本人が申請したときでしょうか？それとも実際に変更になったときでしょうか？

　たとえば、通勤手当や住宅手当などのように本人の事由で支給額が変更となる手当については、いつから変更するかということが問題になります。

　通勤手当も住宅手当も、支給額や支給方法についての法的制限はありません。時間外手当のように、算出方法に制限があるものではなく、会社が任意に支給する手当だからです。

　したがって、会社が一定のルールを決めることができますが、月

単位で変更するのか、日割計算までするのかという処理基準だけではなく、変更日をどのような基準で決定するかということも会社で明確な基準を決めておく必要があります。

変更のタイミングとしては、本人が申請したときか、実際に変更となったときの2つがありますが、それぞれに検討ポイントがあります。

【本人が申請してきたタイミングを変更日として処理する場合】

変更により手当の支給額が減額する場合、恣意的に申請を遅らせるということも考えられるので、「**変更事項は発生してから1か月以内に申請すること**」などと制限をかけるなどの工夫をすることも検討します。

【事象が変更となったタイミングを変更日として処理する場合】

実際に変更した日を基準日とする場合は、本人が申請する時期によってコントロールすることができないので、公平だと考えられます。

いずれにしても、本人の申請が大幅に遅延するケースもあり、遡り精算の期間が極端に長くなってしまうことも考えられます。したがって、この変更日の申請については、やはり精算期間の上限（たとえば「2か月前までしかさかのぼらない」など）を定めるルールを決めておくと安心です。

一言ポイント！

社員からの申請による変更事象については、変更するタイミングのルールを会社で決めておく！

101

3-14 「仕様書」のつくり方

手順を決める⓬

 社内ルールを「仕様書」としてまとめておく

　社内の処理基準となるルールについて、チェック項目としてチェックリストに記載していくことで情報を探すことが減少するので効果があります。ただし、処理基準となる社内ルールがたくさんある会社については、それらの情報を「**仕様書**」としてまとめておくことも1つのアイディアです。

　給与計算のアウトソーシング会社や社会保険労務士事務所、税理士事務所などでは、1人の担当者が複数の会社の給与計算を担当しているので、それぞれの情報をすべて覚えておくことは困難です。また、自分の記憶だけに頼ることほど危険なことはないので、情報を1つにまとめて、いつでも簡単に確認できるようにしておきます。

　この仕様書を作成するのは、少し時間もかかり大変ですが、一度作成すれば、毎月メンテナンスするものでもありませんし、毎月処理をする際に迷いがなくなるので安心です。

【仕様書の例】
＜基本事項＞

社員区分	役員	――
	正社員	●専門裁量／みなし労働時間：1日8時間 ●一般／通常時間管理
	パート	時給
所定労働		1日8時間／1か月平均所定労働時間：160時間
締・支払		末締め、当月25日支給（パート：翌月25日支給）

＜項目定義＞

区分	項目名称	定　義			
支給	役員報酬	——			
	基本給	正社員：月給 パート：時給×実働時間	管理	裁量	一般
	時間外手当	基本給÷160H×1.25（四捨五入）	×	×	○
	法定休日手当	基本給÷160H×1.35（四捨五入）	×	○	○
	深夜手当	基本給÷160H×0.25（四捨五入）	○	○	○
	遅早控除	基本給÷160H （四捨五入）	×	×	○
	日割調整	基本給÷20 （切捨）	○	○	○
	前月調整	——			
	通勤手当	６か月定期代（支給月の翌月からの６か月分）			
	通勤手当 （調整）	（入退社）６か月定期代／６（切上げ） ※日割り計算はしない			
控除	所得税	電算特例計算			
	社内販売	前月購入分を翌月給与から控除			
勤怠	所定労働日数	（表示のみ）			
	所定労働時間	（表示のみ）			
	実働時間	（表示のみ）			
	勤務日数	（表示のみ）			
	残業時間	時間外手当			
	深夜労働時間	深夜手当			
	休出時間	休日手当（法定休日手当）			
	遅早時間	遅早控除			
	有休日数	（表示のみ）			
	有休残日数	（表示のみ）			

3-15 個人マスタ登録処理のスピードを上げる

入力作業効率のアップ❶

 項目名と処理番号だけのチェックリストでもよい

　入社する社員の個人マスタを登録する作業を確実にモレなく行なうことは、案外難しいものです。

　何も確認ツールがない状態では、うっかり入力し忘れてしまったり、入力方法を忘れてしまって、どの情報をどのエリアに登録すればよいのかを確認するために、すでに入力されているほかの在職者マスタを見ながら処理した経験はないでしょうか。

　このような作業時間の1つひとつは短い時間かもしれませんが、確認しながら処理することは、積み重なればかなりの時間的ロスになるだけではなく、ミスにもつながります。

　毎月、大量に個人マスタの登録処理をしている担当者であれば、慣れているので入力に必要な項目や方法を忘れることはないかもしれませんが、担当者といえども同じ処理ばかりをしているわけではないので、迷いなくオペレーションすることができるようになるためには、一定の経験が必要となってしまうことも多いものです。

　そこで、担当者の習熟度に頼ることなく、迷いなく確実に、かつスピーディーにオペレーションするためには、**チェックリストに手順も含めてしまうことが有効**です。この場合は、チェックリストに入力が必要な項目名や処理番号などが列挙されているだけでも効果があります。

　特に、雇用形態が複数ある会社では、雇用形態に応じて区分の設定、計算式の設定や通勤手当の設定などが異なることが多いので、

異なるポイントが明記されているだけで、「迷う」ことはなくなり、作業効率が格段にアップします。

【例1】 正社員マスタ登録

（パートと異なる項目を列挙し、登録内容を明記する）

給与区分：1　　パート区分：0　　雇用区分：月給

通勤手当：6か月　　時間外手当：2

あくまでも、迷うポイントとなる最低限の情報だけをシンプルに記載しておきます。この項目を見ながらすすめると、確実に必要な登録処理が可能となります。

【例2】 項目属性や計算式設定の登録

（システムの処理番号や区分番号のみを明記する）

正社員：時間外手当（4.4.1）、通勤手当（1.6）

アルバイト：時間外手当（4.1.1）、通勤手当（1.1）

項目の属性設定などを個別にする必要があるシステムの場合は、毎回「正社員はどうやって登録するのか？」ということを考えながら処理をしていると、時間もかかり、間違ってしまうこともあります。（　）内の数字だけを見ると、まったく意味がわかりませんが、システムで設定するときの処理番号などを明記しておくことで、単純作業化することが可能となります。

　もちろん、属性を解説するような内容を入れておくことでもよいのですが、いちいち判断する必要がないので、実際に登録をする処理番号だけで十分です。

3-16 入力作業効率のアップ❷
勤怠データ登録のスピードを上げる

 システムなどで項目名が異なる場合がある

　勤怠の実績がすでにデータ化された状態で回収できていて、そのデータを給与計算システムにインポートする場合は、迷いも誤処理もなく処理が可能です。しかし、出勤簿やタイムカードから毎月、給与計算システムに勤怠データを手入力している場合は、処理スピードの改善を考える必要があります。

　まずは、**使用している項目の対比**です。実は、出勤簿などの勤怠管理ツールの項目の名称と給与計算システムで使用している項目の名称が完全に一致していない会社は多く、単純なことですが、出勤簿のどの項目を給与計算システムではどの項目で処理するのか迷うことがあります。

　「出勤日数」や「有給休暇」のように、毎月のように処理実績がある項目は迷いようがないですが、夏期休暇や年末年始休暇、結婚休暇のようにたまに発生する休暇は、どのように処理していたのか、前回の実績を見ないとわからないということがあります。

　この項目対比を書いておくだけで、前回どのように処理したかを探すことなくスピーディーに処理することができるようになります。

　そのほかの具体例としては、正社員の時間外労働とアルバイトの時間外労働では、登録する項目が異なる場合など、雇用形態によって処理が異なるケースなどもあげられます。

　項目対比以外にも、毎月のことではありますが、チェックリスト

には入力方法が10進法なのか60進法なのかということも書いておくと迷いがありません。

　ミスの軽減のためには、出勤簿の表記と給与計算システムで使用する設定をそろえておくほうがよいですが、もし、システム上の設定が調整できない場合などは、出勤簿の記載情報を10進法に変換しながら入力するようなこともあると思います。

　その場合は、項目名の横に「(10)」などと記載しておくだけで、10進法へ変換して入力するということを忘れないようにすることが可能です。

3-17 項目を対比させて一覧表にまとめる

入力作業効率のアップ❸

「対比表」を作成するとよい

　チェックリストに入力する項目を明記しておくだけでも、十分に"気づき"となりますが、入力する項目がたくさんある場合は、対比させて一覧表にしておきます。

　この対比の一覧表は、チェックリストというよりは、「オペレーションマニュアル」のようなものになってしまいますが、毎月の手順に組み込むようにします。

　この対比表を作成する際のポイントは、次のとおりです。

【対比表の作成ポイント】
①項目の並び順は、入力元の並び順ではなく、入力先の項目の並び順にそろえる
②名称は正しく書く
③設定条件（属性）を書いておく

　紙の出勤簿から給与計算システムに入力する項目を一覧表にまとめる場合は、給与計算システムに入力する項目の順序を左側に書き、その項目に対比する出勤簿の項目を右側に列挙していきます（次ページの例を参照）。

　出勤簿のほうが、詳細な項目設定がされている場合が多いので、出勤簿の項目ではいくつかに分かれているものも、給与計算システムでは合算して表示します。

　あくまでも、オペレーションを中心に考えるので、**給与計算シス**

◎「対比表」の例◎

給与計算システム	出 勤 簿
001 所定労働	所定労働日数（正社員）
002 出勤	出勤日数（正社員・パート）
003 有休	有給休暇（正社員・パート）
004 欠勤	欠勤日数（正社員）
005 振休	振替休日（正社員）
010 特休A	夏期休暇（正社員）
	年末年始休暇（正社員）
011 特休B	結婚休暇（正社員）
	忌引休暇（正社員）
	その他有休（正社員）
101 総労働時間	労働時間（正社員・パート）
102 時間外A	時間外勤務（正社員）
103 時間外B	時間外勤務（パート）
104 深夜労働	深夜勤務（正社員・パート）
105 休日労働	休日勤務（正社員）

※（　）内は使用する雇用形態を明記しています。

テムの項目に対して対比させることで入力モレも防ぎます。また、項目に番号が付いている場合は、その番号を付けておくとわかりやすいです。

3-18 チェックリストにマニュアル的要素を含める

入力作業効率のアップ❹

 「マニュアル要素を含める」とは？

　入力する項目対比の一覧表も同じですが、チェックリストにマニュアル的な要素を含めてしまうことで、別のマニュアルを作成する必要がなくなります。

　なぜ、マニュアル的な要素を含めてしまうほうがよいのでしょうか？

　それは、単純に「作業時間の短縮」のためです。通常、ほとんど行なわない処理であれば、いちいち給与計算システムのマニュアルをひっぱり出して探して確認したうえで作業することに大きな影響はありません。

　しかし、毎月行なう処理や数か月に1回程度は行なう処理の場合は、毎回、マニュアルを出して見ながら作業するのではなく、チェックリストに書かれている内容を見ただけで作業することができれば、トータルの作業時間は確実に短縮されます。

　チェックリストに簡単に記入するお勧めの方法は、**システムメニューのみを列記する**ことです。

┌─【毎月、勤怠データをインポートする手順の例】──────
随時処理＿7．汎用データ受入＿4．給与・賞与データ受入＿1．給与データ受入＿「勤怠データ」
└─────────────────────────────

　上記の例は、「給与奉行」という給与計算システムを使用した場合のオペレーション手順の一例ですが、このようにシステムメニュ

ーだけでも書いてあれば、毎月まったく迷わずに作業を進めること
ができます。

　この例は、勤怠データのインポートなので毎月必ず行なう処理で
あり、かつ、簡単な作業なので、実際にはオペレーションに習熟し
てくると、この手順を見なくても処理できるようにはなると思いま
すが、たまたま思い出せないなどということがあっても、書いてあ
れば安心です。

一言ポイント！
簡単なオペレーション手順は、システムのメニューを列挙す
ると安心！

3-19 雇用形態区分変更のオペレーションに要注意

入力作業効率のアップ❺

 登録削除は意外に忘れがち

　パートから正社員登用となった場合など、雇用形態区分が変更となることにより、個人マスタも含めて変更しなければならないことがあります。この場合に忘れがちな処理は、「削除をし忘れる」ことです。

　新しい区分に変更となることによって、追加登録しなければならないことや変更登録しなければならないことは、ほとんどの場合は忘れません。しかし、現在の登録情報を破棄しなければならないこともあります。この破棄したり、「ゼロ」に変更したりすることを失念するケースが多いのです。

　雇用形態区分の変更に伴うオペレーション手順は、**項目別に詳細に決めておくこと**がポイントです。時間外手当の設定などによっては、変更となる月のマスタ変更だけではなく、翌月に再度設定し直す必要がある場合もあります。この点についても必ず考慮して決めてください。

> **一言ポイント！**
> 雇用形態変更の処理手順には、「追加登録」「修正登録」「削除登録」の3種類を忘れずに！

【雇用区分変更時に必要な処理の例】

＜パート（雇用保険のみ加入）から正社員に登用した場合＞

区 分	処理内容	備 考
追 加	基本給・手当額の登録	
	１か月定期代データの登録	
	社会保険標準報酬月額の登録	社会保険資格取得
	住民税控除額の登録	住民税異動届の届出
修 正	雇用区分を「正社員」へ	
	労災保険の区分を「常用」へ	
削 除	時給データの削除	
	通勤費日額データの削除	

＜正社員からパート（雇用保険のみ加入）へ変更した場合＞

区 分	処理内容	備 考
登 録	時給データの登録	
	通勤費日額データの登録	
修 正	雇用区分を「パート」へ	
	労災保険の区分を「臨時」へ	
削 除	基本給・手当額をゼロへ	
	１か月定期代データをゼロへ	
	社会保険標準報酬月額の削除	社会保険資格喪失
	住民税控除額データの削除	住民税異動届の届出

入力作業効率のアップ❻

自動的に処理される項目もチェックする

 ## 自動処理は本当に正しく処理されているか

　給与計算システムで、項目設定や計算式設定をすることで、自動計算される処理があります。その自動化されている処理については、まったくチェックしなくてもよいかというと、そうではありません。

　なぜかというと、「正しく処理されているかどうか」がわからないからです。

　どのような処理であっても、その処理を実行するために、処理ボタンを押しているのは人間です。「自動」といっても、結局はその処理を走らせる指示は担当者がしていることになるので、それが正しくできているかどうかを確認する必要があるということです。

　つまり、自動化されている処理については、特に「正しく処理がされているかどうかを確認すること」自体に意味があると考えます。もちろん、自動化されているものをすべて手計算して、合っていることを確認するところまでは必要ありません（ただし、設定変更したり新規で設定をした場合などは、手計算により正しく設定されていることを確認する必要があります）。

　給与計算のチェックは、ほとんどがこの「正しく処理されていることを確認すること」ともいえます。

 ## チェックリストの作成のしかた

　チェックリストには、具体的なチェック手順を明記します。上記の場合なら、「正しく処理されていることを確認するための手順」を明記することになります。

具体例をあげておくと、次のとおりです。

【チェック手順の具体例】

①時間外手当などの計算式項目の計算が終わっていること（総合計欄のチェック）

②今月の入社者の計算項目が計算されていること

③通勤費が非課税限度額を超えていないこと

④通勤費を支給する月（たとえば、4月と10月）に支給されていること

⑤有給休暇の繰越処理がされていること

⑥課税対象額が88,000円未満以外は、所得税が控除されていること（例外：乙欄適用者）

一言ポイント！

計算処理が実行されていることを確認すること自体に意味がある！

3章

最強チェックリストに必要な項目のつくり方

モレなくチェックする❶

まず、処理件数をチェックする

 給与の締め日と支給日はどうなっている？

　給与計算をしたあとに、最初にチェックするのは「**処理件数**」です。処理件数が間違っていることにあとから気づくと、手戻りの影響が大きいので、まずは**対象者のすべてが計算対象として処理がされている**ことを確認することが大切です。

　前月の退職者、今月の入社人数などを考慮して、今月の処理対象となる人数を算出し、その人数と給与計算システムの計算結果ででている人数とが一致するかどうかを確認します。

【例1】給与が末日締め、翌月25日支給の場合

　支給対象にズレがないこのパターンは、混乱することは少ないです。

　単純に、前月の処理人数から退職者を減算して、入社者を加算すれば、当月の給与計算対象の処理人数が確定します。

　算式で示すと、次のようになります。

　前月処理人数－対象月の前月退職者数＋対象月の入社者数
　＝対象月の処理人数

【例2】給与は末日締めで、固定分は当月25日支給、時間外手当は翌月25日支給の場合

　勤怠実績に応じて支払う手当は翌月に支給する、というこのパターンは、退職後に時間外手当のみの支給が発生するため、【例1】と比較すると少し複雑です。

◎【例1】と【例2】を図解してみると◎

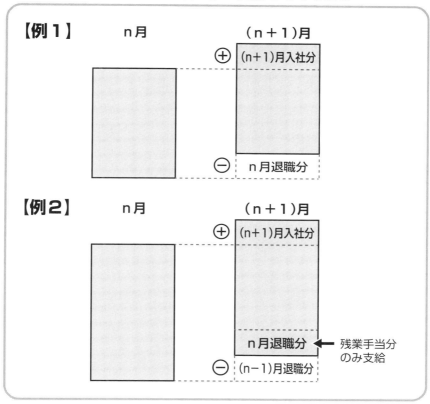

算式で示すと、次のようになります。

前月処理人数−前々月退職者数＋当月入社者数
＝当月処理人数

アルバイトなどの時給者の社保加入者に注意

　アルバイトなど、勤怠実績がある場合に給与計算処理があるという雇用形態については、勤怠実績データと処理件数が合致していればOKです。しかし、アルバイトで時給のため固定支給額がない雇用形態であっても、社会保険加入対象者の場合は、たとえ支給額は

ゼロでも社会保険料控除分の算出は必要になります。勤怠実績データがまったくなくても、確実に給与計算対象者として必要となるので、その対象者には注意しましょう。

休職者の場合の注意点は？

処理件数は、計算後に作成するデータや帳票、給与明細書などの件数を確認する際にも活用します。したがって、給与明細書が不要な休職者の人数も明確にしておきます。

産前産後休業・育児休業の期間は、支給項目も控除項目もすべてゼロになるので、給与明細書を作成しないことが多いです。しかし、「０」を列挙した給与明細書を作成することも可能ではあるので、処理方法を決めておきます。

【休職者の種類】

● **給与明細書の印刷が必要な休職者（社会保険に加入している休職者）**

➡ 社会保険料など控除項目がある場合

● **給与明細書の印刷が不要な休職者**

➡ 支給・控除項目のすべてがない場合（育児休業者など）

なお、給与明細書がずっと不要であった休職者でも、同一年で給与支給があった場合は、年末調整をした月だけは「年調過不足」の反映処理があるため、給与明細書の印刷が必要となるケースもあるので注意してください。

一言ポイント！

処理件数のチェックは最初に行なうチェックなので、チェックリストの一番上の欄で！

退職処理のパターンに要注意

　イレギュラーな処理として、退職時の処理について混乱するケースがあります。

　その1つは、退職前に欠勤をしているケースです。

　前述の【例2】のように、残業手当が翌月支給となっている会社では、残業だけではなく欠勤控除などのすべての勤怠実績が反映される手当が翌月処理となっています。したがって、退職月に欠勤があったとしても、支給する際に固定分を満額支給してしまっていると、翌月の給与で欠勤分を控除しなければならない、ということが起きてしまいます。

　あくまでも、固定分を当月支給するルールではありますが、欠勤日数が明確であれば、固定分を支給する際に欠勤控除をしてしまうことも1つの方法です。一度支給した給与については、過払いだったとはいえ、あとから戻してもらうことが難しいケースもあるので、長期欠勤となっている場合や本人からも欠勤する連絡があった場合は、先にその欠勤控除を反映して処理することもできます。

　もう1つの混乱するケースは、退職前に長期の有休消化をしていたため、最後の月の勤怠では残業時間がないと、翌月の残業手当だけが支給される給与はない、というケースです。

　前述の【例2】の場合は、一律で退職月の翌月にも給与明細書が必要である、として処理をしていたら、実際には支給額がないため処理対象者にはならず（もしくは「0」で処理されている）、支給対象者の人数カウントのときに混乱することがあるので、よく認識しておきましょう。

つじつまチェックを行なう

モレなくチェックする❷

 つじつまチェックにはたくさんの項目がある

「つじつまチェック」とは、おもに合計値の整合性を確認するもので、「前月の処理結果の値から今月の変更事項を反映させたら、この値になるはず」という計算をしたうえで、実際の計算結果と一致していることを確認するチェックのことをいいます。

つまり、前月の処理結果と今月の処理結果のつじつまが合っていることを確認することなので、想定した計算結果と異なる場合は、どこかで何かが間違っているということになります。その誤って処理している内容や、必要な処理が反映されていないことなどのミスをあぶりだすことができるチェックの方法です。

【つじつまチェック例1】有休残日数

「前月の有休残日数－当月の有休日数＝今月の有休残日数」になっていること（退職者分や当月付与分を反映すること）をチェックします。

これをチェックすることにより、単純に繰越しがされているだけではなく、勤怠実績データが正しくインポートされていることなどを確認することができます。

また、有休残日数がシステム上どのように計算されているかにもよりますが、有給休暇が別管理されていて、毎月の給与計算のなかで、マスタと実績から反映されているケースなどでは、マスタの変更ミスなどを発見することも可能です。

【つじつまチェック例2】 家族手当などの固定項目

　「前月の家族手当合計額－当月の変更情報反映＝今月の家族手当合計額」となっていること（入社・退職、手当額変更者の情報を反映すること）をチェックします。

　家族手当や住宅手当などの固定項目で、通常あまり変動がないけれど、入社・退職や住所変更、扶養家族の異動などにより手当の支給額が変更となる場合は、改めて変更事由となる人を洗い直して、「前月の合計値から算出すると、今月の合計値はこうなるはず」という値を算出して、実際の計算結果と一致することを確認します。

　支給項目だけではなく、控除項目の住民税控除額などもチェック項目となり得ます。

　合計値をチェックするだけで、修正したつもりになっていて変更や異動が反映されていないケースを見つけ出すことができますし、ちょっとした誤解をしている場合なども、改めて確認することで、その誤処理に気づくことができます。

【つじつまチェック例3】 社会保険料

　「前月の健康保険料合計額－前月または前々月の退職者分＋前月入社者分＋月額変更対象者差額分＝当月の健康保険料合計額」となっていることをチェックします。

　【例2】の固定項目と同じように、前月からの変更情報を反映させて、その結果と実際の計算結果が一致しているかどうかを確認します。

　社会保険料については、退職者の2か月分控除や入社の翌月からの控除などのほか、社会保険料の標準報酬月額改定の結果による変更などもあるので、確認するのは少し大変だと感じるかもしれませんが、これはかなり有効なチェック項目です。

　退職者や休職者など、勘違いで処理してマスタ登録処理をしてし

まっていたとしても、改めて合計値をチェックしてみることで、勘違いに気づくことも可能です。

　同じ処理でも、違うタイミングで再確認すると、誤った処理や勘違いに気づくことが多いものです。また、処理する人数が多いと、1人だけ登録処理がモレていたというようなことも、この「つじつまチェック」で発見することができます。

【つじつまチェック例４】　入力データとの合計値確認

　勤怠実績データなどデータ化されているものをインポートする際には、インポートデータとインポートされたあとのデータの件数が一致しているか、またインポートデータの項目それぞれの合計値と計算結果の合計値が一致しているかどうかをチェックします。

　これにより、正しくインポートされて正しく計算処理がされていることを確認することができます。チェック方法は単純で、インポートする際に、インポートファイルのデータをメモしておき、そのメモが計算結果と一致していればＯＫです。

　給与計算システムのインポート機能を使用する場合、前月処理のデータが残っていて、リンク先が前月の勤怠データのままでも気づかない、ということがあります。しかし、実データを改めて確認することで、そのようなミスもあぶりだすことができます。

【つじつまチェック例５】　入社した人の処理、退職した人の処理

　入社・退職は、特別な処理をしているので、個人別にチェックしていきます。社会保険料、雇用保険料、固定支給項目、日割計算などを考慮していく必要があります。

　給与の締め日・支給日によってチェック内容は異なりますが、チェック例は次のとおりです。

【例①】 5/25支給給与（給与締め日：末日、支給日：当月25日）

● 5月入社者…社会保険料なし、雇用保険料あり、固定項目のみ支給

● 5月退職者…末日退職は社会保険料2か月分

● 4月退職者…固定項目不支給、残業手当のみ支給

【例②】 5/25支給給与（給与締め日：末日、支給日：翌月25日）

● 4月入社者…社会保険料あり、雇用保険料あり

● 4月退職者…月中退職の場合は社会保険料なし

【つじつまチェック例6】 休職者の処理

　休職者については、支給項目のすべてがゼロとなる人がそのように処理されているか、社会保険料だけ控除されているか、などを個別に確認します。個人マスタデータに登録されているデータを毎月の給与計算で反映することになるので、元データとなる個人マスタデータ自体をすべてゼロにしても処理は可能ですが、休職になる前の情報を記録しておきたいということであれば、個人マスタデータ自体は、休職前のままの状態を保持したうえで、計算処理時に毎回ゼロの上書き処理をすることでも可能です。

　担当者がオペレーションしやすい方法を選択し、会社としては統一した方法で処理します。

一言ポイント！

休職者の個人マスタはどの項目をどのような状態で保持しておくかルールを決める！

3-23 前月から今月への流れをチェックする

モレなくチェックする❸

　年間スケジュールのなかの今月の処理は？

　給与計算は月単位の業務ですが、前月の計算結果から今月の計算へ、さらに来月へという処理の流れがあります。また、年次業務との関連も意識することが必要です。

　したがって、毎月の処理の範囲内で管理することのほか、**年間で情報管理することも必要**となります。

　給与計算業務では、1月から12月までの1年という期間で管理するとわかりやすいのですが、4月から翌年3月までの年度で管理したり、決算期に応じた管理なども考えられるので、それぞれの会社でやりやすい1年の区切りで管理するとよいでしょう。

　次ページに例示した「**年間スケジュール表**」は、確認事項を簡単な管理表の形式にしたものです。"気づき"を促すためのツールなので、毎年決まった年次処理を記載しておくほか、給与計算業務をしていて翌月に忘れずに処理しなければならないことが発生した場合に記載しておくための情報管理ツールとしての役割を担います。

　必ず行なわなければならない処理、忘れてはいけない事項をまとめておく管理表として年間スケジュールを準備しておきます。

> **一言ポイント！**
> 決まったスケジュールを記載した年間スケジュール表には、毎月必要に応じて書き足していく！

◎「年間スケジュール表」のサンプル◎

会社名：

20XX年

	確　認　事　項
1月	扶養親族変更チェック 給与支払報告書 支払調書
2月	
3月	
4月	給与改定 健康保険料・介護保険料率確認
5月	有休付与・消滅
6月	住民税変更
7月	
8月	月変反映
9月	
10月	算定反映
11月	年調申告書配布（11月給与明細書配布時）
12月	年末調整

毎月の申し送り事項の処理

　給与計算をしていると、ちょっとしたことで「来月には変更しておかないといけない」などの、当月には処理できることではなく、翌月以降に処理しなければならないことが発生してきます。

　そのような場合、付箋に書いてデスクに貼っておく、などということをしていませんか？　「○○さんの△△をゼロにする」などという付箋がパソコンに貼り付けられていませんか？

　このようなことは、給与計算の担当者としては絶対にやってはならないことです。

　毎月、給与計算をしていると、自分の扱っているデータの重要性に鈍感になってしまうことがありますが、社員の重要な個人データですから当然、取扱いには十分な注意が必要です。そして、そのことを忘れることなく、絶えず高い意識をもって業務に取り組まなくてはなりません。

　とはいえ、月次の給与計算の過程のなかで忘れないようにするため、どこかにメモをしておきたい、という気持ちはだれにもあることでしょう。このメモの場所を決めてしまおうというのが、チェックリストのなかの**「申し送り事項」**欄です。

　申し送り事項として処理するための情報量が多い場合もありますが、年間スケジュール表には詳細内容まで記載せず、処理項目のみを記載します。

　年間スケジュール表では、処理が必要だという"気づき"だけでよく、具体的な処理内容は毎月のチェックシートの一番下の欄を申し送り事項欄として、そこに詳細な内容を記載しておきます。

　つまり、給与計算をしている間は、**チェックリストにすべての情報を集約させておく**ことがポイントなのです。

処理をしている間に、付箋やメモ帳、その他いろいろなツールに情報を記載してしまうと、あとからそれらを探し出さなければならなくなってしまいます。やはりこれは、処理の効率・品質の側面からも極力避けるべきことです。

> **一言ポイント！**
> 給与処理で発生した翌月以降への申し送り事項は、当月の給与計算チェックリストに書き込んでおく！

3-24 社会保険の定時決定を効率的に処理する方法

モレなくチェックする❹

 年1回の処理は効率よく行なう

　毎年4月から6月の給与支給実績をもとに、7月には社会保険の「**算定基礎届**」（健康保険・厚生年金保険 被保険者報酬月額算定基礎届）を作成します。

　この算定基礎届の作成処理は、給与計算システム内でできる場合も多いですが、実際の給与計算の内容を把握している給与計算担当者が処理を行なっていることが多いと思います。

　毎月の給与計算をしていると、確実に毎月の計算結果という実績が蓄積されていくわけですから、ある一定の確認さえすれば、算定基礎届の作成処理は、間違えることなく進められるはずです。

　とはいえ、1年に一度しかない処理なので、毎年その時期になったときに、「何をどうすればいいのか？」と昨年の実績を探してみたり、給与計算システムのマニュアルを見るなどして、「一から始める」状態になってしまっていませんか？　そして毎年、初めて処理するような状態になっていませんか？

　年に一度の処理ですから、その処理の効率を上げたとしても、全体としてはそれほどの効果はないかもしれませんが、前年にしたミスや効率の悪いやり方などを再現しないためにも、チェックリストを作成しておきます。

　1年前のことを詳細に記憶しておくことは、ほとんどの人が不可能です。したがって、簡単なものでも記録しておく価値は高いのです。

チェックリストとして記録しておく内容は、毎月の給与計算と同じ考え方です。具体的な項目案を示しておくと、次のようになります。

【社会保険の定時決定処理のチェック項目（案）】

①全体のオペレーション手順を決める

②届出が必要な対象者を明確にする

③途中入社、休職者、欠勤が多い対象者の基礎日数の確認

④時給者、日給者の基礎日数の確認

⑤昇給差額の確認（４～６月に昇給差額の支給がある場合）

⑥随時改定の変更予定者の確認（４～６月に昇給がある場合）

⑦その他のイレギュラー処理の確認

⑧作成する届出書類と添付書類の確認

一言ポイント！

手順に、詳細なチェック事項と前年の反省点を組み込んで、確実にスピーディーに処理をする！

モレなくチェックする❺

年末調整を効率的に処理する方法

 スピーディーかつミスが起きないように考える

　年末調整を行なう12月は、給与計算の担当者にとって最も忙しい時期です。

　早めに準備を始めても、冬季賞与の支給計算も重なるケースが多いので、業務が次から次へと立て込み、結局ギリギリまで処理に追われて、年末を迎えることになります。しかも、ほっとしたのも束の間で、年明け以降も給与支払報告書の提出があるので繁忙期は長期化してしまいます。

　担当者としては、「毎年、年末調整の時期が忙しいのはしかたがない」と諦めてしまうかもしれませんが、毎年確実に発生する業務ですし、社員数の増加に伴い、どんどん作業時間が増えてしまう性質の業務なので、少しでもスピーディーに進めてミスが起きないように処理できることを考えます。

　次ページに、**年末調整の処理手順**をあげておきました。この流れに沿って、それぞれポイントとなる事項をみていきましょう。

 対象者リストの作成

　給与計算では、最初に処理件数をチェックすることから始めますが、年末調整についてもまず「対象者は誰なのか？」ということをしっかり押さえておきます。

　国税庁が作成している「年末調整のしかた」をみると、対象となる人について詳しく記載されていますが、簡単に対象者を考えてみ

◎年末調整の処理手順◎

事前準備	①	対象者リストの作成
	②	申告書の配布
	③	申告書の回収
年末調整処理	④	申告書の内容チェック
	⑤	申告書の内容入力
	⑥	12月給与計算処理
	⑦	年末調整結果チェック
帳票作成等	⑧	源泉徴収票の作成 （給与支払報告書）
	⑨	給与支払報告書の仕分け 総括表の作成
	⑩	賃金台帳などその他書類の作成
	⑪	法定調書データの作成

（冬季賞与の計算処理）

＊12月の給与ではなく賞与で年末調整をする場合は処理手順が入れ替わります。

ると、「年末まで在籍していて、1月から12月までの間に給与支給実績がある人」となります。

特に、11月と12月の入社・退職者が年末調整の対象になるのかどうか、迷うところです。そんなときは、次ページ上表の「年末調整対象者」早見表を参考にしてください。

◎「年末調整対象者」早見表◎

	12月支給あり	12月支給なし		12月支給あり	12月支給なし
11月末退職	×	×	11月入社	対象	
12月中退職	対象		12月入社	対象	×
12月末退職	対象				

　このほかにも、12月の時期に関わらず、非居住者になった場合や死亡した場合などはその時点で年末調整をする必要があります。

　なお、ここで作成する対象者リストは年末調整が完了するまでフル活用することになるので、この時点でリストに翌年の住民税が普

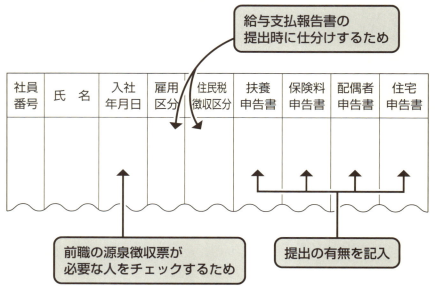

◎年末調整対象者リストのサンプル◎

通徴収の対象者となるかどうかわかるような一覧表にしておきます（前ページ下図参照）。

申告書の配布と回収

　12月の年末調整に向けて、11月には配布すべき申告書を準備します。配布する申告書とは、「**扶養控除等（異動）申告書**」と「**保険料控除申告書**」「**配偶者控除等申告書**」の3種類です。「住宅借入金等特別控除申告書」は、本人が会社に提出してくるものなので、会社が準備して配布するものではありません。

　この配布する3種類の申告書は、税務署に白紙の用紙を取りに行くことができますが、国税庁のホームページからも出力することが可能です。

――【国税庁の申請・届出様式のアドレス】――
http://www.nta.go.jp/taxes/tetsuzuki/index.htm

　給与計算システムによっては、登録されている個人マスタ情報を各種申告書に印刷できる場合があります。この機能を活用して、個人マスタ情報が印刷されている申告書を配布することができるのであれば、その機能を活用することでチェック作業の効率をアップすることが可能です。

　白紙の申告書に記入してもらったものを回収しチェックする場合は、すでに登録されている個人マスタ情報から変更になっていないかどうか、という点では、申告書を見ただけでは判断がつかないため、一つひとつ全件について現在の個人マスタ情報と一致していることを確認する必要があります。

　しかし、**すでにシステムに登録されている個人マスタ情報が印字されている申告書を配布し、変更する場合には赤字で訂正してもら**

うルールにすれば、変更事項が明確になるので作業時間の軽減が見込めます。

やはり、全件チェックするのと**差分チェック**（変更した項目だけを確認するという意味）の違いは大きいです。

ただし、一点だけ注意しなければならないのは、個人マスタ情報を印刷した申告書を配布する場合は、**配布方法に気をつける**ということです。申告書には、**きわめてプライベートな情報が印刷されている**ので、本人がいないデスクに置いておくなどはせずに、封筒に入れて配布したり、個別に本人に直に手渡しするなど、他の人に個人情報がモレないようにしなければなりません。

最近は、Ｗｅｂに登録してもらうシステムもあります。わかりやすい画面になっているので、導入を検討してみるのもいいでしょう。

最後に、申告書を配布するタイミングについても注意が必要です。

パートなど毎日出社しているわけではない人が多い場合は、配布から回収までの期間はある程度長く設定する必要がありますが、正社員だけであれば、回収までの期間はあまり長くしないほうが、逆に回収が容易になります。

期間が長いと、「まだ先だから、あとで記入しよう」と安心してしまい、その後すっかり提出を忘れてしまう社員が案外多いものです。配布したあとに、すぐに記入して提出しなければならないくらいのスケジュール設定のほうが、逆に確実かつスピーディーに回収できることが多いようです。

一言ポイント！

申告書は年末調整対象者を確認したうえで配布し、その後の作業スケジュールを想定して確実に回収する！

申告書の内容チェック

　年末調整業務で最も時間がかかるのは、回収した申告書の内容チェックです。このチェック業務は１人で完結せずに、複数のメンバーで担当し、ダブルチェックあるいはトリプルチェックをしている会社も多いと思います。

　とはいえ、チェックしたあとにすべき処理はたくさんあるので、その後の処理を効率よくすすめるために、**チェックしたあとの形式が統一基準となるような一定のルール**を定めておくとスムーズです。

　そうすれば、処理効率は格段にアップします。この一定のルールがあることで、ムダな確認を何度も行なう必要がなくなるだけではなく、チェックする項目を何度も探すこともなくなります。

　以下にあげる「**申告書チェックルール**」は、確認した結果に応じて申告書に添付する付箋の色を事前に決めておくという簡単なルールです。

　実は、この簡単なルールがあるだけで、たとえば、マスタ変更処理をする際には青付箋の添付された申告書を見ていけばよく、再度すべてのチェック済み申告書から変更がある人を探し出すという作業が不要になります。

―【申告書チェックルールの具体例】―――――――――――
①扶養控除等（異動）申告書
　　→　マスタ（住所・被扶養者）変更…青付箋
②保険料控除申告書　→　証明書添付モレ…黄付箋（＝要確認）
③配偶者控除等申告書　→　申告対象者…ピンク付箋
④住宅借入金等特別控除申告書　→　申告対象者…緑付箋
⑤前職の源泉徴収票　→　添付モレ…黄付箋（＝要確認）

> **一言ポイント！**
> チェックしたあとに、どのような状態になっているとその後の作業がスムーズにできるかを考えて、チェックした結果のアウトプット方法をルール化する！

　チェックするときのルールは前ページ囲みのとおりですが、具体的にそれぞれの申告書をチェックする項目としてあげられる内容は、毎年の法改正などによって多少変化してきます。したがって、具体的には明記しませんが、考え方のポイントは、「**システムに入力する項目を確実にチェックする**」ことです。

【具体例：一般生命保険料のチェック】

　システムに入力する項目は、旧保険料、新保険料のそれぞれの合計額の値となるため、申告書に記載されている個別の保険料額を確認するだけではなく、旧・新それぞれの合計値が合っているかどうかを確実に確認しておく！（このチェックにより、システムに入力する際に電卓で合計値を出す手間がなくなる）

　そのほかに、給与計算システムの扶養親族の情報の登録のしかたを確認して、重複やモレがないようにします。特に、障害者や寡婦の情報は見落としがちです。

> **一言ポイント！**
> 給与計算システムに直接入力する項目を確実にチェックする！

136

申告書の内容入力

　年末調整は、事前準備が完了したら、ここからが本番です。

　チェックが完了した各種申告書の内容を、給与計算システムに入力、計算、結果チェックをするという一連の流れとなります。ここで重要なことは、単純ですが、「**正しいエリアに正しく値を入力する**」ことです。

　つまり、給与計算システムについて正しく理解しておかなければなりません。特に、以下の入力方法については、必ず確認しておく必要があります。

①控除対象配偶者、扶養親族の情報

　「扶養控除等（異動）申告書」で収集する情報は、扶養家族の情報と本人を含めた障害等に関する情報です。また、住民税に関する事項として16歳未満の扶養親族についても申告してもらいます。

　それぞれの情報が正しく申告されているかどうかを十分にチェックすることが求められますが、扶養親族関係で記入誤りが多いのは、やはり「所得」と「収入」の勘違いです。

　申告書では「所得の見積額」を記入するようになっていますが、収入を記入してしまうケースが多いので、この点に留意してチェックするとよいでしょう。

　参考までに、扶養親族が給与所得だけの場合は、「収入」が103万円以下であれば、「所得」は38万円以下となります。

　また平成29年までは、配偶者控除については、本人の所得額に応じて控除額が変動する措置はありませんでしたが、平成30年（2018年）からは、本人の所得額に応じて控除額が変動し、所得金額が1,000万円以下（年収見込みで1,120万円以下）の配偶者のみが配偶

者控除の対象となりました。

②障害者、寡婦等の情報

本人や控除対象配偶者、扶養親族が障害者あるいは寡婦等に該当するかどうかの情報も、「扶養控除等（異動）申告書」から得られる情報です。

記入箇所が小さいことから見落としがちですが、この情報を反映しないと所得控除額が変わってきてしまうので、よく注意しておく必要がある項目です。

③生命保険料、地震保険料の入力方法

生命保険料については、平成24年分から「新契約」と「旧契約」の区分ができたり、介護医療保険料が新設されるなど、複雑になりました。今後も、いろいろな区分や新たな制限などが出てくるかもしれません。

そのたびに、給与計算システムでは対応できるような処理がされていると思いますが、それぞれ入力する項目は何かという点を必ず確認します。

④国民年金保険料と保険料控除額の入力方法

国民年金保険料については、源泉徴収票の摘要欄に表示しなければならないことから、社会保険料控除額の合計額だけを入力するのではなく、別に入力する必要があります。

多くの給与計算システムでは、社会保険料控除額合計額のうち国民年金保険料の額について別途入力するという仕様になっていますが、内数入力でよいのかよく確認してください。

⑤住宅借入金等特別控除の入力方法

　いわゆる住宅ローン控除額の上限は、一律に決まっているわけではありません。入居年などによって異なることもあるので、社員から提出された申告書に記載されているとおりの計算方法で算出した結果を入力します。

　なお、「居住開始年月日」については、源泉徴収票の摘要欄に表示することが必要なので忘れずに入力します。

 計算結果のチェック

　すべての項目を入力したら、年末調整一覧表で結果をチェックしていきます。申告書から正しい項目に正しく入力されているか、という単純なチェックのほかに、チェックポイントとなるのは、「年調過不足額」の金額チェックです。

　極端に還付額が高額となっている場合は、住宅借入金等特別控除がある人の可能性が高いですが、そのほかで高額の還付となるケースは多くないので、しっかり原因を確認する必要があります。

　また、逆に高額の不足となっているケースについても、何か理由があるはずなので、その理由を確認しておきます。賞与と給与の支給額のバランスが悪いケースなどでは、不足額が高額となってしまうことがあります。

　ここまでくれば、年末調整を含めた給与計算業務はひと段落です。次からは、通常月では必要のなかったさまざまな帳票類を作成していくステップになります。

 各種帳票の作成

　源泉徴収票と賃金台帳は、年末調整の処理が終わった時点で、いつでも給与計算システムから出力可能な状態になります。

　源泉徴収票の摘要欄に表示する必要がある事項と住所情報につい

ては、改めて正しく入力されているかを確認したうえで出力します。

【摘要欄に表示が必要なおもな内容】

● 扶養親族の情報

● 住宅借入金等特別控除（居住開始年月日、算出税額を超えていて年末調整で控除しきれない控除額がある場合は住宅借入金等特別控除可能額の表示）

● 前職情報（会社名、退職日、給与等の金額、源泉徴収税額、社会保険料控除額）

● 国民年金保険料の金額

　源泉徴収票を作成すると同時に、給与支払報告書も完成します。そして、最後に総括表を作成して終了です。

　給与支払報告書には、住民税を普通徴収とする場合にはその旨を摘要欄などにも記載したうえで、仕分けをして各市区町村へ送付する手続きをします。

　ちなみに、ここまでの処理を考慮したうえで作成した「年末調整対象者リスト」（132ページ）の住民税普通徴収対象区分欄を活用してチェックを行ないます。

　給与支払報告書を送付する先を管理するためには、各市区町村別に集計した一覧が給与計算システムで出力できる場合はそれを活用しますが、そうでない場合は必要に応じて作成しておきます。

【給与支払報告書送付先一覧の作成ポイント】

①対象者は12月給与の支給対象者（年末調整の有無に関わらず）

②乙欄対象者、当年の退職者分も忘れずに

③翌年1月時点の住所地で集計

3-26 チェックリストの仕上げ

チェック項目を組み立てる

 これが最強チェックリストのモデルです！

さぁ、いよいよ最強チェックリストの仕上げです。

まず、最初に決めた枠組み（基本手順）に、詳細手順を踏まえたチェック項目を加えていきます。

次に、詳細な項目を加えていった「**最強チェックリスト**」のモデルが142、143ページです。

そして、最強チェックリストの項目のなかで注意を要するものについて、コメントを加えたものを144、145ページにあげておきました。参考にしてください。

◎「最強チェックリスト」のモデル◎

更新日：20XX/○/○

給与計算チェックリスト

①前期処理人数　　　②前期退職者　　　③当期入社

- 末締、当月25日支給
- 支給日：　　月　　日　　①－②＋③＝当期処理人数
- 勤怠翌月：　　　月分

□	入退社チェック	□	入社	□	時間管理形態＝基本給区分で設定、を確認する（1 役員・2 管理者・3 裁量・4 通常）
		□	退社	□	住民税は原則退職月分まで控除し普通徴収に切替（退職日、支給金額により適宜）
				□	社保料は月途中は控除せず、末日は控除
		□	日割計算：不就労日数／計算期間の所定労働日数を「日割調整」へ		
		□	通勤費は個別に確認する		
□	給与勤怠情報		勤怠データの出力（ログインID：××××、パス：00001）		
	締日後、原則3営業日後		メニューリスト_勤務実績集計_月間集計・集計期間指定（前月分：月）・締日なし・部門すべて_		
	勤怠なし：役員○名		該当者全員対象_集計_Excelエクスポート		
		□	人数確認（　　　　　人）　社長・役員・当月入社者分はない		
	月平均160時間、20日	□	勤怠のルール（基本給区分：1 役員、2 管理者、3 裁量、4 通常）		
	60進法	□	遅刻早退、代休はないか（なし・あり→確認）		
		□	2 管理監督者：残業なし、深夜あり、休日なし		
	残業×1.25、深夜×0.25、	□	3 裁量労働者：残業なし、深夜あり、休日あり		
	休出×1.35、代休×－1	□	振休は同一月内。休み取得できない場合は休出時間で支払う。後日代休取得で×1相当は控除する。		
		□	残業×1.25、深夜×0.25、休出×1.35、代休×－1		
		□	項目追加　なし・あり→一覧表・明細書フォーマット		
□	変動項目（　　／　　）	□	社内販売（なし・あり→取込OR手入力　※対象者人数により）		
		□	通勤費調整額（入退社、転居等）　※端数切上		
		□	皆勤手当、歩合給		
		□	（5月・11月）6か月定期代支給　6/1-11/30分を5/25に→固定通勤手当に登録		
			→新規・変更は準備処理前に固定マスタから入力する		
□	マスタ登録①	□	入社者（基本・部門・扶養）		
	基本個人（給与情報以外）	□	退職日		
		□	変更連絡事項（住所、氏名等）		
□	口座登録・変更	□	個人取引銀行・給与振込先		

☐	マスタ登録②	☐	支給日区分：25、労働日1、労働時間1、税表区分、税扶養人数、
	給与個人（給与情報）		通勤手当区分（2月額固定・3定期・5単価×日数）、通勤非課税区分9（交通機関）、
	（新規計算対象者）		給与支払方法1（振込）、端数処理区分0（端数処理無）、賞与支払方法1、端数処理区分0（端数処理無）
			基本給区分＝時間管理形態1役員・2管理者・3裁量・4通常、16歳未満人数セット
☐	6か月定期代（5月、11月）	☐	固定マスタ＞固定通勤手当　次回支給分を登録
☐	年齢&月変チェック	☐	介護チェックリスト：前月40/65/70歳到達者（なし・あり→介護保険料変動、年金保険料変動）
		☐	前月（　　　月）月額変更対象者（なし・あり→社会保険料額変更）
☐	月例給与入力（部門順）	☐	月例準備処理→取込データ作成
		☐	計算対象外の人（勤務実績なし、育休中など）を「非対象」に
		☐	属人項目変更（産休・育休者の登録・削除）/固定項目変更
		☐	変動項目入力（通勤手当調整・社内販売）
☐	計算後チェック	☐	勤怠データ入力チェック（手入力項目すべて、勤怠はサンプルでOK、基本給区分に応じた勤怠計算か）
	PDF一覧表出力_部課順		入社者は正しく計算されているか（社保料なし、雇料あり、通勤手当調整、所得税、勤怠はなし）
	部課合計入れる	☐	退社者は正しく計算されているか（社保料2か月？　料率？、雇料、日割、住民税、通勤手当調整）
		☐	マスタ変更は正しく反映されているか（基本給変更時勤怠反映は翌月から）
		☐	社会保険料　☐　40歳、65歳到達者の保険料は反映しているか
			☐　月変・算定・料率変更（4月・10月給与）
			☐　前月とつじつまが合っているか
		☐	雇用保険料　　保険料免除該当者は保険料を控除していないか（4月給与）
		☐	前月との固定項目差分チェック（支給・住民税）
		☐	変動データの合計が一致しているか（☐勤怠データ　☐皆勤手当　☐歩合給　☐通勤費調整　☐社内販売）
		☐	非課税合計＝通勤手当+通勤手当調整、となっているか
		☐	差引支給額と銀行振込額が一致しているか（☐マイナス支給がある場合は確認）
		☐	支給合計、控除合計、差引支給額の縦合計のつじつまチェック
☐	確定、データ作成	☐	●月給与（ＹＹＭＭＤＤ）pdf（所属順　部課合計）
		☐	住民税データ：地方税納付データ生成→地方税FD出力（納期限入力）01三菱ＵＦＪを選択
			「住民税データＭＭＤＤ.txt」
		☐	銀行振込データ：給与銀行振込FD「振込データＭＭＤＤ.txt」
		☐	給与一覧表データ出力
	フォルダ名「●月給与データ」	☐	ＷＥＢ明細書データアップ：支給年月と支給年月日を該当日に変える_
		☐	(12月)源泉徴収票・給与支払報告書
		☐	退職者源泉徴収票（なし・あり→（　　　　　　　　　　　　　））
☐	月例繰越処理・月変チェック	☐	＿＿＿＿月月変（あり・なし）
☐	次月への申送り事項	☐	

3章

最強チェックリストに必要な項目のつくり方

◎チェックリストのポイントと注意点①◎

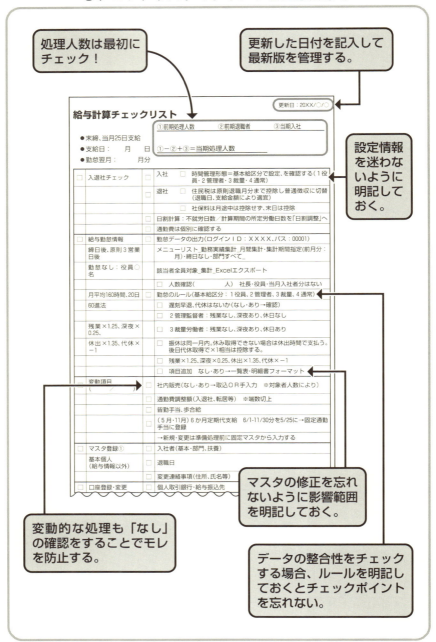

◎チェックリストのポイントと注意点②◎

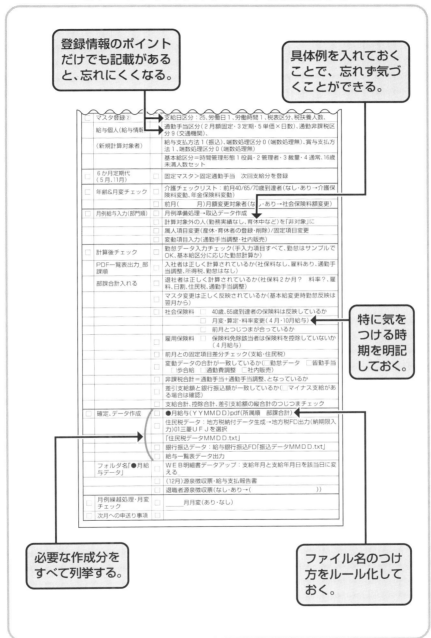

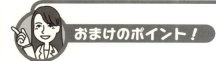

おまけのポイント！

給与計算で生じるミスの傾向と対策

　給与計算のチェックリストを必要と考え、さらにそのチェックリストを「最強チェックリスト」にしたいと考えている、会社やアウトソーシング企業の担当者は、いままで給与計算のミスに悩まされてきたことでしょう。

　そのミスから解放されたいという気持ちから、この本を手にしてチェックリストをつくろうとされていると思います。

　そのような給与計算に関わる方たちは、ミスの傾向を把握し、それぞれの対策を検討したうえで、その対策を実行していかなければならないと考えていることでしょう。

　チェックリストに書きこまれた結果からは、ミスの「**傾向**」がわかってきますし、それぞれのミスの原因についても、手順がわかりやすくなっているチェックリストと一緒に検討することで、より具体的な「**対策**」を構築することが可能となります。

　チェックリストを必要としている会社の給与計算は、細かい運用仕様が決まっていたり、複数の雇用形態がありそれぞれに取扱いが異なるなど、事象ごとに判断するべきこと、作業すべきことが多いはずです。

　これらを整理する方法、どの情報をどのようにまとめるか、何をいつどのタイミングでチェックすべきか、などについても「最強チェックリスト」を使えば、過去の実績から検討することが容易になるので、ぜひ活用してみてください。

4章

最強チェックリストの
使い方・活かし方

最強とするためには、チェックリストのメンテナンスが必要です。

チェックリストの使い方❶

チェックリストには毎月、手書きで書き込む

 チェックリストを「最強」に育てていく

　チェックリストの使い方で、必ず守ることは「手書きで書き込む」ことです。あたり前ですが、チェックリストを作成しても使わないと意味がありませんし、効果のでる使い方をしなければやはり意味がありません。

　必ず使うためには、アナログな方法ですが、チェックリストを毎月プリントアウトして、その紙に進捗状況を書き込みながら活用していきます。使用手順は、下図のようになります。

① チェックリストをプリントアウトする

⬇

② チェックリストに、チェックした結果と実績の情報を随時記入していく

⬇

③ 処理の途中で気づいたチェック項目の修正や追加事項をモレなく追記していく

⬇

④ 毎月同じ方法で給与計算処理のファイルにファイリングする

⬇

⑤ 翌月の処理の準備として、チェックリストのメンテナンスをする

◎チェックリストをプリントアウトする効果◎

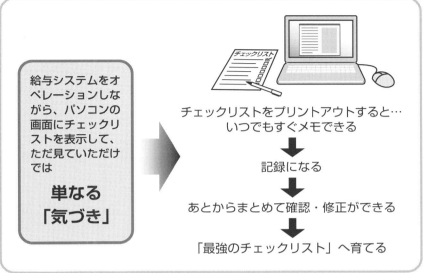

パソコンの画面にチェックリストを表示して、それを見ながらでも給与計算を進めることはできますが、それでは業務を管理するのではなく、チェックリストに書かれているチェック項目を単なる「気づき」として活用するだけになってしまいます。もちろん、何もないよりは、「気づき」があるだけでも十分効果はありますが、チェックリストとしての存在効果を高めるためには、実績管理とチェックリストの改善をしていくことを考慮に入れた使い方がベストです。

また、詳細な処理進捗の記録をデジタル管理する意味はないので、チェックした結果をデータ入力するという作業はせずに、一瞬で終わる手書きで進めていくことが効率的です。

一言ポイント！
紙で全体を見ることができる状態にすることにより、多少前後してもスグに対応でき、記録もしやすくなる！

チェックリストの使い方❷

記入ルールを決めておく

 チェックリストの書き方ルールを統一しておこう

　毎月の給与計算をするときに使用するチェックリストに記入する内容についても、一定のルールを決めます。なぜ、ルールを決めるのかというと、それは記入したあとのチェックリストを効率的に活用するためです。

　「給与計算は１人で担当していて、処理内容のすべてを把握しているから大丈夫！」と思っていたとしても、記入ルールを決めておくことには意味があります。それは、担当者本人のためでもあり、会社として給与計算処理を運用管理するためでもあります。

　たとえ、担当者本人がすべての処理を１人で行なっていたとして

◎記入するルールは統一する◎

も、しばらく時間が経過したあとで見かえしたときには、記憶は曖昧になっています。また、上司が実績結果としてファイルを見るときなどに、記入ルールが統一されていると、容易に実態を把握することができるのです。

統一された記入ルールになっているだけで、ほかの月の実績と比較がしやすかったり、必要な情報を探すことなく一見して把握することができるなど、時間短縮という意味でも効果が高いです。情報を探すことに時間をかけることほどムダなことはなく、同じようにアウトプットすることを決めるだけで、探すムダがなくなります。

月次給与チェックリストの記入ルールの具体例

月次給与チェックリストの記入ルールを統一する場合の具体例をあげると、以下のようになります。

①処理人数は雇用区分ごとに記入する
②入社・退職者の人数を記入する
③発生した変更事象と対象人数を記入する
④インポートしたデータ件数を記入する
→【①～④の効果】

毎月の実績記録として、同じ情報を記録しておきます。年間を通した実績を調べたり探したりすることなく、チェックリストがあるだけで、データがまとまっている状態になります。

また、入社、退職の情報が月次単位でまとまっているだけでも、活用しやすい資料となります。

⑤処理が長期間にわたる場合は、日付や時間も記入する
→【⑤の効果】

全体の処理スケジュールや、それぞれの処理の所要時間を記録しておくことで、次回の処理スケジュールを決めるときの判断材料に

なります。

また、定例業務に時間を要するのか、イレギュラー処理が多くなったことが処理の長時間化の原因か、他部門からの情報収集が遅れることによって処理スケジュールが後ろ倒しになり最終的にギリギリになるのか、など現状の処理スケジュールの問題点が把握しやすくなります。

⑥イレギュラー処理をした内容は「赤字」で記入する
→【⑥の効果】

色分けして記入することにより、何が標準的な処理方法で、何がイレギュラーなのかが、視覚的にも明確になります。仮に、あまりに赤字が多い場合は、基本ルールを決めるべき事象はないか、という観点で振り返って修正することがしやすくなります。

⑦処理内容やチェック内容の変更、改善事項は「青字」で記入する
→【⑦の効果】

処理が終わったあとで、チェックリストをメンテナンスするときに、青字部分だけを拾っていくことができるため、必要な情報を探す時間が削減されて作業時間を短縮できます。

青字で修正するというルールを決めるだけで、処理をしている間でも、チェック項目について考えながら進めることができて思考と行動が習慣化されます。

年間スケジュールの記入ルールの具体例

年間スケジュールの記入ルールを統一する場合の具体例をあげると、以下のようになります。

①当月の追加処理事項のほか、翌月以降の申し送り事項も記入する

②年次業務の作業スケジュールだけではなく、事前準備作業も含め

て処理のタイミングを記入する

→【①．②の効果】

こうすることによって、準備や処理を忘れないための「気づき」の蓄積になります。

特に、年末調整などの長期間にわたって実施する処理については、事前準備も含めた作業スケジュールをあらかじめ決めて記入しておくと、間際になってあわてることもありません。

突発的な処理も含めて1年の最後にスケジュールの実績を見て、翌年以降は定例的業務として組み込むほうがよいかどうかを判断することも可能となり、より確実なスケジュール管理を実現することができます。

4-3　チェックリストの使い方❸

保存、ファイリングの知恵

ファイリング方法も統一ルールを決めておく

　プリントアウトして実績を記入していったチェックリストをどのように保存していくのか、最終的なファイリングはどのようにしていくのか、という点にも工夫の余地があります。

　チェックリストを使うことで、「探す」時間を削減できますが、ファイリング方法も統一したルールにしておくと、さらに効果が高まります。

月次給与チェックリストのファイリング

　給与計算処理用のファイルを1つつくり、毎月、最初のページに月次チェックリストをファイリングしていきます。詳細については次のページ以降を参照する形式です。

　最初のページの月次チェックリストを見ただけで、処理実績を含めたすべての情報を一覧で見ることができるので、月次給与チェックリストの定位置はやはり最初のページしかありません。

年間スケジュールのファイリング

　年間スケジュールは、ファイルを開けてすぐに目に入ってきて、毎回「気づき」となる効果が期待されます。そこで、ファイルを開けた見開きページの左側に貼り付けておきます。

　そして、いつでもファイルを開くたびに気づくことができるように1年間、貼り付けた状態にしておきます。

　毎月、給与計算を始める前の準備をするときに、まずはファイル

◎こうしてファイリングしよう◎

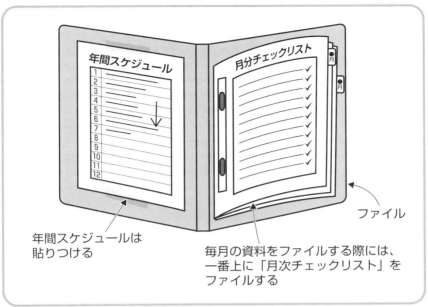

年間スケジュールは貼りつける

毎月の資料をファイルする際には、一番上に「月次チェックリスト」をファイルする

ファイル

を開いて年間スケジュールを確認することから始めることが習慣となるはずです（上図参照）。

 1つのファイルにすべての情報をまとめる

　給与計算処理に関連して行なうべきタスクは、すべて1つのファイルにまとめるようにします。たとえば、「来月、○○さんの通勤手当を変更しなければならない」ということが発生しても、それがちょうど給与計算をしているタイミングに発生すれば忘れませんが、次月への申し送り事項であれば忘れるリスクがあります。申し送り事項も、1つのファイルに入れ込んでおき（色が異なるクリアファイルなどでもよい）、必ず気づけるようなしくみにしておきます。

　この申し送りファイルに溜め込み過ぎず、その内容すべてをチェックすることを怠らなければ、処理モレの心配はありません。

155

4-4 チェックリストの使い方❹

毎月、メンテナンスを行なう

 メンテナンスでチェックリストを「最強」にする

毎月使用するチェックリストは、すべてプリントアウトして、手書きで記入しながら処理を進めていきます。そして処理が完了したあとは、必ずチェックリストのメンテナンスをすぐに行ないます。

特にメンテナンスが必要なものは、基本となる月次チェックリストです。初めて自社用の月次チェックリストを作成したときは、まだ「最強のチェックリスト」とはいえない状態かもしれません。でも、毎月の処理が終わったあとに、確実にメンテナンスを行なうことで、「最強のチェックリスト」に成長します。

メンテナンスの方法さえ間違えなければ、月を経るごとに、最強チェックリストへ近づいていくのです。

給与の月次チェックリストについては、最初の3か月くらいまでは、改善事項がたくさん出てくるはずなので、メンテナンスは毎月必要になります。

そして、3か月を過ぎたころには、「最強のチェックリスト」第1版ができ上がってくるので、その後のメンテナンスは、ほとんど不要になります。

「最強のチェックリスト」第1版までの道のりは、目安として3か月です。

◎チェックリストが「最強」になるまでの道のり◎

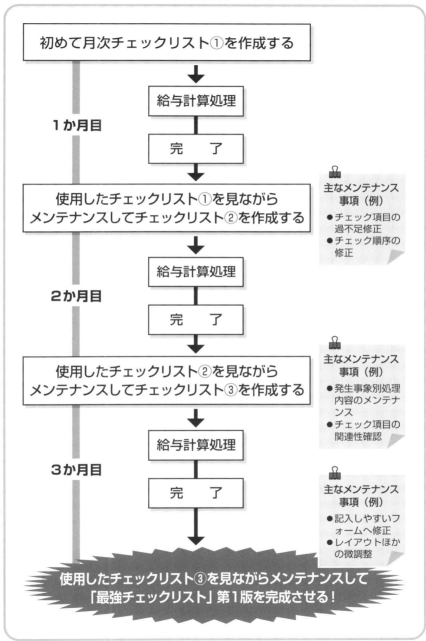

4-5 チェックリストの使い方❺

上手なメンテナンスのしかた

 「理念」がなければ「最強」には成長しない！

　給与計算を安心してミスなく処理するためのチェックリストを作成するには、作成したりメンテナンスしたりする際に、統一した考え方（理念）をもって検討していきます。

　チェックリストを作成するのに「理念なんて、そんな大それたものが必要なのか？」と疑問に思うかもしれません。しかし、絶対に忘れてはならない考え方というものがあり、それが「最強のチェックリスト」に成長させるために、またチェックリストを使い続けることができるためのポイントとなります。

　この理念に沿ってチェックリストを作成し、メンテナンスしていくことで、ブレることなく必ず「最強のチェックリスト」をつくり上げることができるのです。

　そこで、普通のチェックリストを「最強のチェックリスト」にするために必要な5つの理念をあげていきましょう。

理念その1
チェックリストを実際に使う人を想定してつくる

　最も大切なことは、どのような人がそのチェックリストを実際に使用するのかということを想定しておくことです。どのような人かということを考えるにあたり、必要な観点は次のとおりです。

① 「業務知識」がどの程度ある人か
② 「給与計算システム」の処理内容をどの程度理解している人か

正直なところ、業務知識のあまりない人が使用することを想定してチェックリストを作成しようとすると、チェックリストに必要な情報が膨大になってしまいます。チェックの項目数が増えるだけではなく、チェック内容について詳細に説明する必要もでてきてしまい、チェックする項目自体の解説も必要となります。

　また、作成したチェックリストの使い勝手を考えても、処理担当者の習熟度が高くなったときには、必要以上に解説が多い初心者向けのチェックリストだと、毎月確実に見て処理をしていく必要はない、と感じてしまい、結果的にチェックリストを使わなくなってしまうケースが多いのです。

　毎月のことではありますが、結局のところ、「使っていてよかった」「使ったことでミスなく処理ができた」「使っているから、安心して処理を終わらせることができる」という実感がないと、チェックリストを使って処理しようという行動に結びつかなくなってしまいます。

　つまり、**担当者の作業習熟度の向上により不要となる解説は、なるべく省いたチェックリストを作成すること**が一番です。

　作業習熟度という意味では、業務知識レベルのほかに、毎月使用している給与計算システムのしくみについても同じようなことがいえるので、システムの理解度もある一定レベルまである、という想定でチェック項目を決定します。

理念その2
視点を変えたチェックが効果的

　ミスをしたことをきっかけに、チェック項目を再検討します。

　その際の考え方の基本は、違う視点からチェック方法を考えることです。もちろん、同じチェックを2名態勢で行なえる環境であれ

ば、ダブルチェックすることができますが、すべてのチェック項目をダブルチェックしていたら、それだけで処理時間が2倍になってしまうので、決して効率的とはいえません。特に、そのチェックが、単純入力の結果を確認するだけのチェックであればなおさらです。

　入力した内容が正しく反映されているかどうかを確認するチェックは、集中力が必要ですし、大量の項目をチェックしていると、ミスを見つけることが困難になってしまいます。もちろん、ダブルチェックができればよいですが、必ずしもダブルチェックすることが、最も安心で最適なチェックとはいえないのです。

　ダブルチェックをしてチェック時間を2倍にするのではなく、違うタイミングで違う視点からのチェックをするほうが効率がよいという考え方もあります。効率と品質の両面から検討していくことを忘れずに、チェック項目を決定していきます。

　では、具体的に視点を変えたチェックとはどのようなことなのか、ミスの具体例をあげながら考えていきましょう。

【ミス例①】
　家族手当を「10,000円」と登録すべきだったが、誤って「100,000円」と登録してしまった。
【ミスの原因】
　単純な入力ミス。

　数値を入力したあとで、正しく入力されているかどうかを確認する入力チェックで気づくことができなかった。
【再発防止のために考えられること】
①入力チェックの徹底
　単純な入力ミスは、まずは入力後に入力した内容を1つひとつ突きあわせて確認する「入力チェック」で見つけることが、最も基本

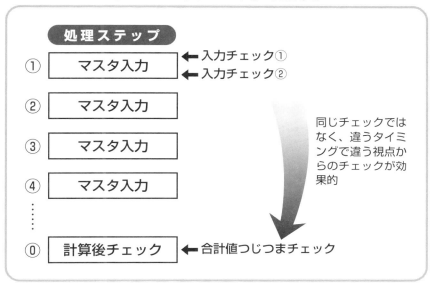

的なチェック方法です。

　しかし、単純な入力チェックでは、案外見落としがちであり、特に、桁間違いについては、入力した人が1人で目視チェックするだけでは、気づきにくいかもしれません。

　したがって、たとえば「入力チェックの徹底」といっても、2回同じことをしても見つけられる可能性が2倍になるわけではないと考えます。もちろん、時間的余裕があればダブルチェックすることがベターです。

②つじつまチェックを行なう

　変更する項目を列挙したリストをもとに、前月の合計値から今月の合計値となるべき金額を算出して、まず手計算で正解値を出しておきます。そして、その値と計算処理をした結果が合致しているかどうかを確認します。

このようなチェックを「つじつまチェック」と呼んでいますが、これは勘違いや単純な誤入力をあぶりだすことができる簡単なチェック方法です。

実際に、変更処理をした内容を再度見直して、「正しく処理されていればこの数字になるはず」という正解値を算出することは、手間だと考えるかもしれませんが、「つじつまチェック」なら、変更すべき事項すべてをチェックし直すこともできるので、視点が変わり、誤入力や入力忘れなどを見つけ出せる効果が高いチェック方法です。

【ミス例②】

産休に入った人の給与をゼロにすべきところ、支給してしまった。

【ミスの原因】

対象者の固定支給項目をゼロ登録することを忘れた。

【再発防止のために考えられること】

産休の対象者が誰で、いつの給与からゼロと登録しなければならないかをはっきりさせて手順に組み込むことがポイントです。

産休対象者をどのように処理するかということについては、すでに処理手順には組み込まれていたにも関わらず、処理が抜けてしまった場合はどうしたらよいのでしょうか。

①対象者は誰か
②いつからゼロ登録をしなければならないのか

その場合は、この２つの項目が明確になっていなかったことが原因と考えられます。

産休に入る対象者については、１人ずつ進捗管理の一覧表で確認していきますが、それでも処理がモレてしまうのであれば、それ以外の方法でミスを防ぐ方法を検討します。

たとえば、チェックリストに「対象者リストを再確認する」とい

う手順を追加したとします。これも1つの対策ではありますが、毎月の処理のなかで確認しているはずで、それと同じチェックを繰り返すだけなので、やはり同じように気づかない可能性を否定することはできません。

そこで、同じタイミングでチェックを2回するのではなく、別のタイミングで別の角度から確認をすると、視点が異なるので気づく可能性が格段に高くなります。

一例ですが、産休に入ると判明した時点では、進捗管理をする個人別の産休・育休リストを作成してチェックをしていきますが、それ以外にも、年間スケジュールの欄に、個人別にいつから誰が給与ゼロとなるのかという一連のスケジュールを記入します。

こうすることにより、月次処理のなかで1人ひとりについて処理の有無を判断するだけではなく、毎月の申し送り事項として年間スケジュールで確認することもできるので、勘違いで処理をしなかったなどのモレは防ぐことができます。

理念その3
過剰なチェックは不要

ミスをしたことにより、チェック項目を増やしていくことは、ある程度は必要です。

しかし、ミスが1つ起きたらチェック項目を1つ増やしていくという方法をとっていくと、チェック項目が膨大になってしまいますし、場合によっては、チェック内容が重複することもでてきます。さらに、チェック項目数が増えすぎてしまうと、「たくさんあるチェック項目のうち1つくらいはチェックしなくても大丈夫だろう」「このチェックをしなくても、たぶん間違わないから大丈夫」…などと、担当者が勝手に判断してチェック項目の一部をチェックしな

くなってしまうことがあります。

　つまり、担当者にとってチェック項目が多すぎて、それぞれのチェックの意味も効果も十分にわかっていないと、根拠もなく１つひとつのチェック項目の必要性を感じなくなってしまう、という錯覚に陥ってしまうことがあるのです。

　とはいえ、同じミスを繰り返さないためには、チェックすることは必要なので、ミスが一度発生したら、再発防止策としてチェックする内容を検討することに変わりはありません。

　しかし、過剰なチェック項目とならないように、**ミスの根本原因をとことん追及して**、追加すべきチェック項目を決めていきます。現時点で決めているチェック項目と重複していることはないか、すでにあるいくつかのチェック項目をまとめて確認できるチェック方法はないか、という視点でチェック項目を検討していきます。

　そして、単純にチェック項目を増やしていくことで過剰なチェックとならないように、必要なチェック方法を絞り込んでいきます。

　なお、必要なチェック項目への絞り込みは、次のような考え方で進めていきます。

【ミス例③】

　「その他控除②」という控除項目を追加設定したことを忘れて、経理担当者へ渡すデータに項目追加をせずに作成してしまった。

【ミスの原因】

　項目の追加設定をしたときに行なうべき処理を忘れた。

【再発防止のために考えられること】

①項目の追加設定をした場合に処理しなければならない手順のすべてをチェックリストの項目に追加する

　単純に考えると、忘れることなく処理するために必要な手順をチ

ェックリストに追加していくことが一番確実です。

　しかし、場合によっては、必要となる処理項目が多いため、それらをすべてチェックリストに入れておくべきかということを検討する必要があります。

　もちろん、毎月処理するような内容であれば、確実に行なうべきタイミングで行なうべき処理をすることで、処理スピードも品質も向上します。したがって、項目を追加することに迷いはありませんが、項目の追加設定などという、通常処理ではあまり発生しない事象であれば、そこまで網羅して項目列挙する必要はない、と判断できます。

②最終的に設定が正しいかどうかを確認できる手順を加える

　この場合、最終的に帳票や作成したデータで正しく表示されていることが確認できればよいので、処理の最後に設定確認ができるような手順が１つあるだけでも、設定変更による作業モレを確実に確認することができるようになります。

　設定が正しいかどうか確認するといっても、計算式の変更などの処理方法に関する設定変更については、事前準備をしたうえで、さらに計算結果も確実にチェックするはずなので、このミスのケースとは異なります。

　単純に表示設定が正しいかどうかだけを確認する方法として最も簡単なチェック方法は、「**最終合計値のタテの計に電卓を入れる**」（電卓で手計算をする）ことです。

　具体的には、「支給控除一覧表」などの結果データの総合計が合っているかどうかを電卓で計算するという方法です。これをするだけで、表示されていない項目があった場合には、つじつまが合わないことに確実に気づくことができます（次ページの図を参照）。

165

◎「支給控除一覧表」で、つじつまチェックを行なう◎

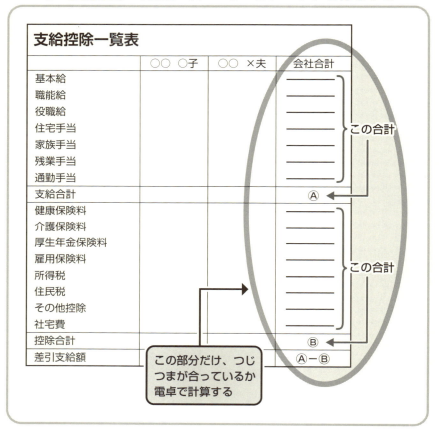

理念その4
チェック項目は具体的な行動レベルに

　給与計算のミスの原因は、処理モレと誤入力に分類できますが、そのうち誤入力によって発生してしまったミスに対する対策を検討するときに、間違ってしまった処理について、そのまま「○○をしない」というチェック項目としてチェックリストに追加してしまうことがあります。

　単純な入力ミスという誤入力であれば、このようなチェック項目

を追加する発想にはならないはずですが、押してはいけない処理ボタンを押してしまったことによって誤った処理が進んでしまったというように、誤処理によって発生したミスの対策として安易に追加してしまいがちなチェック項目が、この「○○をしない」という否定型の表現です。

たしかに、してはいけない処理をしないようにする注意喚起にはなりますが、処理内容をチェックしていく際の項目としては、具体的な行動を促すチェック内容にするほうが効果的です。つまり、「○○をしない」ではなく「○○をする」という**具体的行動**へ転換して、チェック項目として決めていきます。

◎チェック項目の表現のしかた◎

チェック項目

✗　○○をしない　──→　行動を制御できない

○　○○をする　──→　具体的な行動をすることがチェックになる

具体的行動レベルとするチェック項目を考えるときには、何と何を比較してチェックするという内容にします。たとえば、「社会保険料をチェックする」などのように、チェックする方法の行動が明確になっていないと、処理担当者によってその後の具体的な行動が違ってきてしまうので、単に「チェックする」ではなく、**どのようにチェックするのか**、具体的な行動レベルまで落とし込みます。

【ミス例④】

退職者の住民税を一括徴収とするはずだったところ、データが元に戻ってしまっていた（1か月分しか控除されていなかった）。

【ミスの原因】

　勤怠データの修正をする際に、マスタを反映する再計算処理という手順を踏む必要がなかったのに、再計算処理をしてしまったことにより、上書き修正した住民税データがクリアされてしまった。

【再発防止のために考えられること】

①マスタ反映の必要がない修正の場合は、再計算処理をしない

　誤って再計算処理をしてしまったことが原因なので、単純に考えると、「再計算処理をしない」というチェック項目を考えてしまうところですが、チェック効果を高めるためには、何かをしないというのではなく、何かをするという行動を表現するチェック項目を検討します。

②一度、計算処理をしたあとで修正する場合は、修正項目以外の項目も含めて修正前データと比較チェックをする

　計算処理をした後の修正については、最後に1項目だけを修正したつもりであっても、その他への影響がでるケースがあります。したがって、修正した項目だけではなく、その修正をした対象者については全項目の合計値だけでも前データと比較チェックすることで、修正が正しく反映されているかどうかを最終確認することができます。

　全項目を1つひとつ確認することが手間だと考える場合は、最低限のチェック項目としては、差引支給額のつじつまが合っているかどうかだけでもよいです。

　その結果、修正した項目以外にもデータが変更されているかもしれないとわかれば、個別に全項目を比較チェックします。

　繰り返しになりますが、上記の例の場合だけでなく、どのようなチェック項目であっても、何かを「しない」というチェック項目に

ならないように、何か処理を「する」ことで、結果的に同じ確認ができる方法を考えるようにしましょう。

理念その❺

チェックリストのそもそもの目的を忘れない

チェックリストは、そもそも何のためにあるのか、という目的を忘れないようにして、チェック項目を考えていかなくてはなりません。

あくまでも、給与計算処理をスピーディーにすること、そして安心して間違えることがない処理ができるためのツールがチェックリストなので、チェックリストそのものを作成することが目的にならないようにします。

┌─【チェックリストの作成目的】────────────────
│ ①処理スピードの向上
│ ②作業品質の向上
└────────────────────────────────

これは、きわめてあたり前のことですが、毎月、チェックリストと向き合っていくと、いつの間にかそもそもの目的を忘れてしまってマニアックな道にいってしまうことがあります。

"チェックリスト作成迷子"にならないように、最初の目的を忘れずに、メンテナンスを怠らずに、「最強のチェックリスト」へ育てていくことが大切です。

一言ポイント！

チェックリストを作成する目的をいつも念頭に置いて、チェック項目の検討をしていくこと！

4-6 最強チェックリストの活かし方❶
担当者に安心をもたらし、教育ツールとして活かす

「最強チェックリスト」があれば安心感が増す

　「最強チェックリスト」を使いながら毎月の給与計算をしていると、実務担当者は安心して処理をすることができます。

　給与計算は、間違えてはいけない業務なので、細心の注意をはらいながら集中して処理をすることが求められます。したがって、どこまで何をチェックすれば完璧な処理になるのかわからないと、不安が不安を呼び、いつまでも何回もチェックを重ねてしまうことにもなりかねません。そのような担当者の不安を払拭するのが「最強チェックリスト」です。

　必要なチェック項目が網羅されていて、そのチェック項目の並び順に従って処理を進めていくことで終わりがハッキリします。このチェックリストにあるチェック項目を完璧にチェックすれば、計算処理自体も完璧となるのですから、「これさえやれば終わり！」という安心感が生まれることになります。

教育ツールとして引き継ぎにも活用できる

　給与計算は、担当者の知識や処理の習熟度に依存しているケースが多く、担当者をなかなか変更しづらい業務です。

　もちろん、社会保険や税金に関する専門的な知識や会社の就業規則というルールを把握している必要もあるので、誰にでもすぐにできる仕事ではありませんが、処理内容が不明確でブラックボックス化することは避けなければなりません。

　その点でも、処理手順も踏まえて、チェック項目が整備されてい

◎チェックリストが引き継ぎ資料となるポイント◎

1 過去の処理実績は、作成・記入してきたチェックリストを見れば一目瞭然

2 給与計算の処理手順は、チェックリストの項目を追うことで把握することが可能

3 給与計算業務として一連の作業がどこまでの範囲のことを指しているのか、準備作業から成果物作成までのチェック項目で業務範囲を把握することが可能

4 月次チェックリストと年間スケジュールの実績から、毎月の処理スケジュールと年間を通しての全体スケジュールの概略を把握することが可能

5 1年に1回しかない年次業務も、記録としてのチェックリストを確認することで処理内容を把握することが可能

る「最強チェックリスト」があれば、担当者の引き継ぎにも使うことができるので、1つの教育ツールにもなるわけです。

引き継ぎをする場合にも、いままでの経緯について別途、資料を作成する必要もなく、毎月記入しているチェックリストを見ることで、実績をすべて確認することができるという利点があります。

4-7 最強チェックリストの活かし方❷
労務分析データとして活用する

 人事担当者の最適な資料にもなる

　毎月の給与計算結果の実績として、記入済みのチェックリストを見るだけで、処理件数などの実績を把握することが可能です。どの月にどのような処理が多いのか、入社・退職が多いタイミングはいつなのか、前年との実績を比較するとどうなのか、などの実績データを容易に追うことができます。

　実績データのまとめとして、月ごとに1枚にまとまっているものがチェックリストなので、それをぱらぱらと見ていくだけでも簡単な分析をすることができますが、しっかりデータ分析する必要があれば、1年であれば12枚のデータを拾うだけで、実績データをまとめることができます。いろいろな資料や一覧表から情報を拾う必要がなく、毎月の実績が1枚にまとまっているだけではありますが、**分析準備のための情報収集作業は楽**になります。

　そのほか、同じ形式に同じ記入基準で作成されているチェックリストは視覚的にも把握しやすいので、特に集計などの別作業をせずとも**データの変化に気づきやすい**しくみになっています。

　収集された実績データを何に活かせるかというと、**実施スケジュールの再検討、人員計画の策定、業務分担の検討**などです。人事担当者は、給与計算だけをしているわけではありませんが、処理スケジュールが確実に決まっている業務なので、担当割りの検討や作業量が多いときのサポート人員の確保など、事前に作業スケジュールを具体的に把握しておくことにより、よりスムーズに処理を完結できるようになります。このため、実績データの分析は大変重要です。

CHECKLIST

5章

こんなときどうする？
困ったときの対処法

給与計算業務で
疑問が生じたら、
そのつど確認し
てください！

給与支給編❶

Q 入社者の給与計算が今月の支給に間に合わないけどどうする？

「賃金支払いの5原則」を守ること

　給与の締め日が末日で、支給日が当月25日というスケジュールで、実質的に給与の前払いをしている会社では、入社手続きがギリギリまで完了していないと、給与計算処理に間に合わないということがあります。

　この場合、安易に「翌月まとめて支給すればいい」と判断することはできません。賃金の支払い方については、法律で定められているルール（賃金支払いの5原則。24ページ参照）があるからです。再掲すると、5つの原則とは次のとおりです。

―【賃金支払いの5原則】（労働基準法24条）―
　①通貨払い
　②直接払い
　③全額払い
　④毎月1回以上払い
　⑤一定期日払い

　翌月まとめて払うという方法をとってしまうと、⑤一定期日払いの原則に違反することになります。

　所定内賃金分を前払いしている会社は、給与計算業務のスケジュールに間に合わないことがあるかもしれないので、早めに準備をすることがポイントです。

　また、前払いでなくても、締め日から支給日までの期間が短い会社の場合も、処理期間に余裕がないケースがあります。毎月の処理

◎末日締め・当月25日支給の場合の給与支払いのしくみ◎

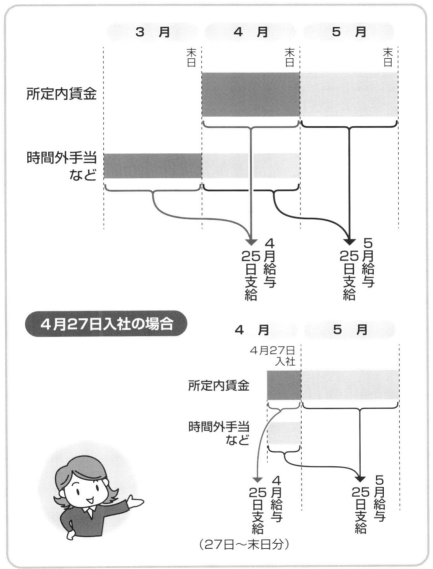

に支障がでてくる場合は、締め日または支給日の変更を検討する必要があるかもしれません。

給与支給編❷

Q 行方不明になった社員の給与はどうすればいい？

連絡が取れなくなっても支給する

アルバイトで勤務していた社員や入社したばかりの社員と突然、連絡が取れなくなり、困ることがあります。

このような場合であっても、実際に働いた分については給与の支払い義務は生じます。したがって、給与計算は通常どおりに処理をして準備することになります。

実際には、給与の支給については、銀行振込としているケースが多いと思いますが、あくまでも原則は「**現金支給**」であり、本人の同意がある場合に限り、振込でもよいというのが法的ルールです。ですから、現金で準備して本人に給与を取りに来るように連絡することも可能です。

突然、行方不明になってしまった場合は、会社の制服や鍵などを持ったままになっている場合があり、もし辞めるのであれば、返却してほしいという会社側の希望もあるはずです。

その場合、給与が振込であれば、本人は会社に来る必要がないので、連絡しても来ない可能性が高いのですが、給与を取りに来るという理由があれば、会社に来てもらうインセンティブになります。ただしこの場合、就業規則で給与の支払い方をどのように規定しているかということを確認しておく必要があります。

就業規則で給与支給に関して規定する方法

就業規則では、給与は原則として現金で支払うが、本人同意のうえで口座振込とすることを規定します。さらに、必要に応じて現金

手渡しとすることがあることも規定しておきます。

【就業規則の規定例】

第○条（給与の支給）

１．給与は、現金で本人に支払う。ただし、社員の同意を得た場合
　　は、本人名義の金融機関の口座に振り込んで支払うものとする。

２．第１項にかかわらず、会社は給与支給日に直接、現金で本人に
　　支払うことがある。

　行方不明社員への対策として、就業規則で以下の規定を織り込ん
でいるかどうかチェックしておきましょう。

【就業規則に規定しておきたいこと】

①給与の支給は原則、現金

②退職の際には、身分証明書、健康保険証、鍵などの会社から
　の貸与物を返却すること

③退職の際には、会社の指示に従い引き継ぎをしなければなら
　ないこと

④退職要件に「行方不明となり50日を経過したとき」を加え
　ておくこと（50日という期間は１つの目安です）

　なお、行方不明となっても、本人からの退職の意思が確認できな
いと、会社は勝手に退職手続きを進めることはできません。行方不
明の場合は、**解雇の手続きをとることも非常に困難**となってしまう
ため、実務上は、就業規則の退職要件に「行方不明となり一定期間
が経過したときには退職となる」という規定を入れておくようにし
ます。

　ちなみに、「退職」とは、その時期の到来により自然と労働契約
が終了することをいうので、解雇とは異なります。

Q 欠勤控除や日割計算の方法に決まりはあるの？

就業規則や給与規程に規定しておく

　有給休暇の残日数がない場合に休んだり、無断欠勤をした場合などに対しては、「欠勤控除」をすることになります。また、月中での入社・退職があった場合は、月額給与を日割で支給することになりますが、これらの算出方法については、就業規則や給与規程に定めておく必要があります。

　しかし、「日割計算する」とは規定されていても、具体的な算出方法まで明確に規定していないケースも案外多いものです。そのような場合は、初めて対象者が発生したときに算出方法を決めることになりますが、一度決めたルールに則って、その後は他の社員に対しても同じように処理しなければなりません。

　なお、この場合の計算方法は、時間外手当の算出方法とは異なり、法的に明確なルールが定められているわけではありませんが、著しく労働者の不利にならないようにしなければなりません。

「ノーワークノーペイの原則」に従う

　労働契約法6条では、「労働契約は、労働者が使用者に使用されて労働し、使用者がこれに対して賃金を支払うことについて、労働者および使用者が合意することによって成立する」とされています。

　つまり、会社は労働者に対して労務の提供を請求する権利があり、労働者は労務提供をすればその労働に対する賃金を請求できる権利があるといえます。しかし、労働者が労務の提供をしない場合は、賃金の請求権はないので、会社も賃金の支払い義務が生じないこと

になります。

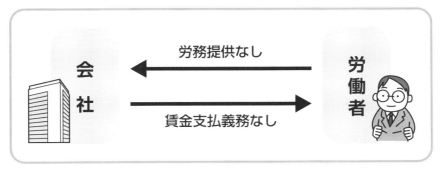

　なお、完全月給制のように、労働していない場合でも賃金を支払うなどという特別な条件を就業規則や労働契約書などで締結している場合、会社には賃金の支払い義務があります。

　ちなみに、日割計算する場合の算式をあげておくと、次のようになります。

【日割計算するときの算式】

$$\frac{1か月の所定内賃金}{1か月の所定労働日数} = 日割単価$$

or「1か月の平均所定労働日数」
or「1か月の暦日数」

一言ポイント！

欠勤控除や日割計算で気をつけるポイントは次の3つ！
①所定内賃金であれば、すべての手当を日割対象としてもOK
②控除する額を算出する場合、端数処理は切捨てが原則（労働者に有利に処理する）
③日割対象としない手当と規定している場合は、全額支給する

給与支給編❹

Q 残業代の計算方法に決まりはあるの？

 就業規則や給与規程できちんと決めておくこと

　時間外手当の算出方法は、就業規則や給与規程に定めていることが原則です。しかし、実際の運用では異なる算出方法を採用していたり、勘違いをしていたり、また詳細な内容が規定されておらず曖昧になっている場合などがあります。

　基本給やその他の手当については、**最低賃金額以上**であれば、支給額や算出方法に法的制限はありませんが、時間外手当の算出方法は労働基準法施行規則（19条）で、以下のように定められています。

【割増賃金の基礎賃金の算出方法】

●**月給制の場合**

所定内賃金（月額）を1か月の所定労働時間で除した金額。ただし、毎月の所定労働時間が変動する場合は、1年間における平均所定労働時間で除した金額

●**時給制の場合**

基礎賃金は時給そのままの金額

●**日給制の場合**

日給を1日の所定労働時間で除した金額。ただし、日によって所定労働時間が変動する場合は、1週間における1日の平均所定労働時間で除した金額

【月給者の割増賃金の算出方法】

$$\frac{(所定内賃金)-(除外可能な手当)}{1か月における平均所定労働時間} \times \begin{array}{|c|}\hline 1.25 \\\hline 0.25 \\\hline 1.35 \\\hline\end{array} \times \begin{array}{|c|}\hline 時間外労働時間 \\\hline 深夜労働時間 \\\hline 休日労働時間 \\\hline\end{array}$$

割増率

$$\frac{(365日または366日-年間所定休日) \times 1日の所定労働時間}{12}$$

＊時間外労働が1か月60時間を超える場合の割増率は1.5以上
（ただし、中小企業の場合は2023年3月31日までは猶予措置あり）

◎基礎賃金から除外できる手当は7つある◎

❶ 家族手当

ただし、家族の人数に関係なく一律に支給している場合は除外できない。

❷ 通勤手当

ただし、距離と無関係に一律に支給している場合は除外できない。

❸ 別居手当（単身赴任手当なども含む）

❹ 子女教育手当

❺ 住宅手当

ただし、住居費の多寡に関係なく支給している場合は除外できない。

❻ 臨時の手当（退職金なども含む）

❼ 1か月を超える期間ごとに支払われる賃金（賞与なども含む）

給与支給編❺

Q 固定残業代は許される？

 口約束だけでは許されない

「入社の際に、給与には残業代込みだと話しているから大丈夫！」
——じつは、これは大変危険な話です。

口約束で、「残業代込で月額30万円！」などと言っていて、実際の給与明細書では「基本給30万円」となっていることはありませんか。「基本給25万円、時間外手当5万円」というように、給与明細書や労働条件通知書などで明確に区分して明示しておかないと、実際には残業代がまったく支払われていないことになります。

毎月決まった額を支給する時間外手当は、「**固定残業代**」「**定額残業代**」などといわれています（以下、「固定残業代」といいます）。

では、固定残業代はどのように決めればいいのでしょうか。

 固定残業代の2つの種類

①一定の時間数分の時間外労働手当（時間表示型）

たとえば、「30時間分」などと1か月のトータルの時間外労働時間の長さを決めて、その時間数分の時間外労働手当を算出し、その金額を固定残業代とする方法です。

時間外労働の時間数を決めるので、労働者にとってもわかりやすい方法ですが、実際には、時間外労働以外に深夜労働や休日労働があるかもしれません。でも、この分は固定分として支払っている時間数相当額には含まれないため、別途支給する必要があります。

固定残業代分の内訳として、「時間外労働時間20時間分、深夜労働時間5時間分」などと決めて算出しておく方法もありますが、決

◎時間表示型と金額表示型の比較◎

	時間表示型	金額表示型
社員にとってイメージしやすいか	○	△
給与計算担当者の作業負担	○	△
未払い残業代のトラブル対策	△	○

めた時間以上に労働した場合は、もちろん、超えた時間分について追加で支給する必要があります。

②一定金額の残業手当（金額表示型）

　支給する固定残業代の金額を決めてしまい、時間外労働だけではなく深夜労働などすべての割増賃金相当分の合計額が、固定残業代の金額を超えない限り未払い分は発生しない、という方法です。

　ただし、実際の残業分の賃金を毎月算出し、それらの合計額が固定残業代を超えていないかどうかをチェックする必要があり、毎月、すべての残業手当を算出する手間がかかります。

　しかし、時間外労働手当だけではなく深夜労働や休日労働の割増賃金についても、すべて含めることが可能なので、未払い残業代を発生させない運用を徹底するにはよい方法です。

　また、残業代の算出対象となる基礎賃金が変わると、割増賃金の単価も変更しなければなりませんが、一定金額の固定残業代の場合は再計算する必要がなく、管理がしやすいという利点もあります。

一言ポイント！
時間表示型だと未払い残業代が発生しているケースが多い！

給与支給編❻

Q 年俸制なら残業代は不要？

年俸制だからといって残業代不要にならない！

「うちの会社は年俸制だから、残業代はいらないんだ」

こんな話を、いまでもたまに耳にします。たいていの場合は、残業代をなくすために年俸制にしたいと考えているのだと思いますが、それは大きな誤解です。

「年俸制」は、1年間の所定労働時間分を働いたときの給与を決めるというだけで、1か月の所定労働時間に対して給与を決める「月給制」（日給月給制）と制度としての大きな違いはなく、違う点は、決定する給与額の対象期間が1年か1か月かというだけなのです。

単に対象となる期間が異なるだけですから、当然ですが「年俸制だから残業代はいらない」というわけではありません。月給制と同じように所定労働時間を超えた時間に対しての手当は必要です。

ちなみに、この年俸制は、特に法律で定められている制度というわけではありません。

年俸制の場合の支給方法の注意点

年俸制を導入している会社で、支給方法を選択制にしている場合があります。年俸額を12分割して支給する場合は問題ないのですが、たとえば、年俸の16分割を毎月支給する給与額とし、残りの4か月分は2か月分ずつ賞与支給時期に支給するという方法を選択している場合は注意が必要です。

このような場合は、残業代を算出する際に、実際に毎月支給している1か月分の給与ではなく年俸額の12分の1を基礎賃金として算

◎年俸制の場合の基礎賃金の考え方◎

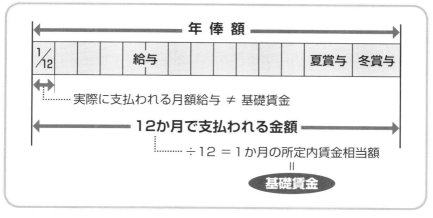

出しなければなりません。

実際には、1年間に支給される給与額が決定していて、単に支払い方が異なるだけのことですから、残業代を算出する際の基礎賃金は、支払われることが決まっている1年間分の給与額合計から1か月分を算出して決定することになります（上図参照）。

◎これさえチェックすれば、あなたの会社の年俸制は大丈夫！◎

❶ 年俸を12を超える月数で除算している場合、時間外手当を算出する基礎賃金は年俸を12分割した額から算出している

❷ 年俸制であっても、時間外手当を支給している（管理監督者を除く）

❸ 年俸を時間外労働分相当額も含めて決定している場合は、給与明細書で時間外労働手当分と分けて表示している

給与支給編❼

Q 徹夜勤務の場合の割増率はどうなるの？

 時間外労働の割増率は4種類

時間外労働の割増率には、「法定外労働時間」「深夜労働時間」「休日労働時間」と3種類あります。また、「所定外」労働時間ではあっても、「法定内」労働時間の場合は、割増不要となるので、所定労働時間を超えた場合の手当を含めると、時間外手当の割増率は4種類あります。

【所定外労働時間】1.0倍

法定労働時間である1日8時間、週40時間を超えない範囲の所定外労働時間については、割増の手当は不要。会社の規定によっては、所定外労働時間についても割増手当を支給しているケースもある。

【法定外労働時間】1.25倍

法定労働時間を超えた労働時間については、割増手当が必要。1日8時間の所定労働時間で週休2日の会社の場合は、法定休日以外の休日の労働時間は法定外労働時間となる。

【深夜労働時間】0.25倍

22時から翌日5時までの時間帯は深夜労働時間のため、だれがこの時間帯に労働しても深夜労働の割増賃金が必要。いわゆる管理監督者についても、深夜の割増賃金だけは、支払う必要がある。また、この時間帯が法定外労働時間と重なる場合には、算出上0.25だけではなく法定外労働時間分と合算した1.5倍で計算する。

【休日労働時間】1.35倍

法定休日の労働に対しては、休日の割増賃金が必要となる。法定

休日とは、週1日または4週4日の休日のこと。必ずしも法定休日を明確に定めなくても違法ではない。会社の規定によっては、法定休日だけではなく会社休日に対して休日割増手当を支給するケースもある。

労働時間の考え方は？

労働時間の考え方は、「暦日」が原則です。つまり、24時を過ぎれば翌日と考えるので、翌日が法定休日であれば休日労働と考えることになります。

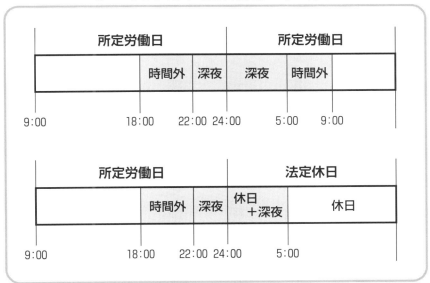

◎24時をまたぐ時間外労働の考え方◎

労働日のカウントのしかた

徹夜勤務をした場合は、暦日として2日にわたって勤務することになりますが、労働日のカウントとしては、労働時間が開始された日の勤務としてカウントすることになります。

Q 端数処理はどうすればいいの？

　給与計算をしていると、いろいろな場面で「端数処理」が必要になることがあります。端数処理については、労働時間管理における端数処理と給与額算出における考え方を理解していれば万全です。

労働時間管理における端数処理

　労働時間管理は、**原則1分単位**です。したがって、毎日の労働時間管理を15分単位や30分単位とすることはできません。

　例外として、1か月の時間外労働、休日労働、深夜労働の時間数を合計する際には、30分未満を切捨て、30分以上1時間未満を1時間に切上げにすることができるとされています。

　つまり、1日単位では端数処理はできず、1か月の合計になったときには、30分単位で端数処理ができることになります。

　もちろん、1か月の合計値についても端数処理せずに、1分単位で処理してもかまいません。

給与額算出における端数処理

　給与計算において端数処理をどうすればいいか気になるのは、時間外手当を計算するときや日割計算処理のときではないでしょうか。

　給与計算における端数処理の考え方は、「**労働者に不利にならないようにする**」が原則です。つまり、遅刻・早退や欠勤などの**控除額を算出する際には切捨て**、支給する**時間外手当**などを算出する際には**切上げ**とすれば間違いがありません。

　どの時点で端数処理をする必要があるかなどの明確な決まりはあ

◎端数処理の考え方◎

	始業	終業	
1日	9:00	18:10	8時間10分 ← **NG** 端数処理しない
2日	9:00	18:42	8時間42分
3日	9:00	19:13	9時間13分
⋮			
30日	9:00	18:08	8時間08分
31日	9:00	18:05	8時間05分

計175時間18分 ⟶ 175時間
端数処理 **切捨てOK**

計175時間48分 ⟶ 176時間
端数処理 **切上げOK**

りませんが、一度決めたら同じルールで処理する必要があります。端数処理をするタイミングによっては、支給額が1円ではなく数円異なるケースもあります。

そのほか、1か月の給与支払額に100円未満の端数が生じた場合は50円未満切捨て、50円以上切上げとしても、全額払いの原則に反しないとされています。しかし、実際の運用において現金で支給する会社が少なくなっていることからも、この端数処理を使用する会社は少数派と考えられます。

> **一言ポイント！**
> 端数処理に関しては、次の2つをチェックしておく。
> ①労働時間は、月の合計時間数だけ30分単位で端数処理が可能
> ②給与計算途中の端数処理は、支給額算出時は切上げ、控除額算出時は切捨てで処理

給与支給編❾

Q 通勤手当の上限額と精算のルールは？

支給額に労働法令上の制限はない

労働契約上では、通勤に関する費用は労働者の負担となり、会社側に通勤費用の支払い義務はありません。ただ多くの会社では、就業規則や給与規程で通勤手当を支払う旨を規定することにより、給与の一部として支給されています。

この通勤手当の支給額については、労働法令上の制限はありませんが、所得税の源泉徴収においては、一定の金額または通勤距離をもとに非課税となる金額が決まっています。そこで、この規定に合わせて手当として支給する上限額を決めているケースもあります。

もちろん、非課税枠に準じて上限額を決める必要はないので、課税分となる手当を支給しても問題はありません。

源泉所得税の非課税枠

電車やバスなどの交通機関を利用している人については、**1か月あたり15万円**が非課税となる上限額です。

マイカーや自転車通勤をしている場合は、片道の通勤距離によって非課税枠が異なります（次ページの表を参照）。

さらに、電車やバスとマイカーや自転車のどちらも使用して通勤している場合は、それぞれの上限に応じて支給し、最終的な合算額の上限額は15万円となります。

通勤手当の精算方法

住所変更などにより通勤手当が変更となる場合の精算方法のルー

◎マイカー・自転車通勤者の１か月あたりの限度額◎

片道の通勤距離	１か月当たりの限度額
2km未満	（全額課税）
2km以上10km未満	4,200円
10km以上15km未満	7,100円
15km以上25km未満	12,900円
25km以上35km未満	18,700円
35km以上45km未満	24,400円
45km以上55km未満	28,000円
55km以上	31,600円

ルは、一定でなければならないので、明確にしておく必要があります。ルールを決めるために検討すべきポイントは、次のとおりです。

①精算する単位は月単位か日単位か

②変更日を申請した日とするか、実際に変更した日とするか

③３か月または６か月の定期券代を支給している場合の精算方法は、手数料を含めて社員の負担がまったくないように精算するか、手数料を除き精算するか、単純に支給期間の月数で除算して実費とは関係なく月単価で精算するか（日割精算も含む）

④申請が遅延した場合は、いつまで遡って精算をするか、遡り精算はしないか

一言ポイント！

通勤に要する費用は会社に支払い義務はないが、規程で支給することを定めていると、他の手当と同様に支給義務が生じるため、支給額の上限設定や精算方法を含めて詳細なルールを決めておくことが大切！

5-10 給与支給編⑩

Q 給与の締め日、支払日の変更は可能なの？

就業規則、給与規程の改定を忘れずに

　給与の締め日と支払日を変更する場合は、就業規則や給与規程を改定して、社員への説明と周知をしたうえで行なう必要があります。また、社員代表者の意見を付して、所轄労働基準監督署への届出も必要です。

　このように、就業規則等の改定手続きが正しく行なわれていれば、給与の締め日、支払日の変更自体は可能です。また、その変更により、社員の生活に支障がない範囲であれば、一定期日払いや毎月1回以上払いの原則に違反することにもなりません。

◎給与の締め日、支払日を変更する場合の具体例◎

毎月15日締め 当月25日支給	→	毎月末日締め 翌月15日支給
7/16～8/15 →8/25支給	8/16～8/31 →9/15支給	9/1～9/30 →10/15支給

このような配慮をすることで社員の生活への支障がないようにする

　また、大手企業では、給与を前払いしているケースも珍しくありませんが、民法の雇用契約における労働者の賃金請求権は、「労働者はその約した労働を終わった後でなければ、報酬を請求すること

ができない」と定められ、賃金の後払いを明確にしています（民法624条1項）。したがって、給与を前払いする義務はありません。

なお、実際に変更するためには、いろいろな調整事項があります。検討すべきポイントは次のとおりです。

①締め日変更に伴い、勤怠管理ツール（出勤簿や勤怠管理システム）を変更する

②社会保険料の算定時期である4～6月に変更調整をする場合は、定時決定結果に影響がないか確認する

③締め日変更に伴い、調整して支給する月は全員の所定内賃金を日割計算し支給する

④支給日変更により、各種引き落としなどで調整が必要なケースがあるので、社員へ早めにアナウンスして理解を求めておく

⑤就業規則の改定となるため、状況に応じて社員の個別同意をとっておく

特に、給与支給日の変更は、社員の生活に直接影響するため、余裕をもって説明する時間をとり、周知のうえで手続きを進めるようにしてください。

一言ポイント！

給与支給日が後ろ倒しとなる変更の場合は、特に社員に対する配慮が必要！

5-11 給与支給編⓫

Q 有休取得の不利益取扱いにあたるケースとは？

欠勤日扱いとすることは原則NG

「年次有給休暇」（有休あるいは年休）は、労働基準法39条で定められている、給与が支給される（有給）休暇です。

制度の趣旨は、労働者が健康で文化的な生活を実現させるために、毎年一定日数の休暇を有給で保障するというもので、年次有給休暇を取得したことによって、賃金の減額や不利益な取扱いをしないようにしなければならない、とされています（労働基準法136条）。

したがって、年次有給休暇を取得した日を欠勤日扱いにするようなことは、してはなりません。

―【有休取得の取扱いでチェックすべきこと】――
①有休を取得したから精皆勤手当を支給しない（または減額）はNG
②賞与の算定において、欠勤日扱いにするのはNG
③昇給・昇格や出勤率の算定にあたり、欠勤日扱いするのはNG
④「有休取得日の通勤手当は支給しない」と就業規則等で規定していない限り、通勤手当を控除することはNG

一言ポイント！

年次有給休暇は、労働を免除された日なので、取得したことにより諸手当を支給しないということはできない！

年次有給休暇の買取り

年次有給休暇を取得しない分を買い上げることは**原則禁止**です。しかし、労働基準法39条に定める日数以上に付与している年次有給休暇について、また退職時に未消化となった日数分については、例外として、有休を買い取ることは違法とはされていません。

実務的には、退職時に未消化分の年次有給休暇の買取りをするケースはありますが、その際の注意事項は次のとおりです。

①買取りをすることが社内で**ルール化**されていて、給与に上乗せして支給する場合は、給与の１つの手当として処理する
②買取り分を考慮のうえ、退職金として支給する場合は、退職金として処理する（給与と退職金とでは所得税の扱いが異なる）
③買取りに関する法的制限はないので、買取り額は自由

年次有給休暇の権利発生はいつか

年次有給休暇は、**取得要件を満たすことによって権利が発生する**ものであり、労働者が請求することにより権利が発生するものではありません。したがって、労働者が有休の申請をしてくるというのは、すでに発生している権利に対して、具体的に時期指定をしているだけということになります。

ただし、会社側にも「時季変更権」という権利があるので、事業の正常な運営を妨げる事由が存在すれば、労働者に別の日を指定してもらうことは可能です。

一言ポイント！
年次有給休暇を取得する主導権は労働者にある！

給与支給編⑫

Q 時給者の有給休暇の賃金はどのように計算するのか？

3つの算出方法がある

　時給者や日給者が有給休暇を取得した場合に、支給する賃金について、どのような計算をすればよいのか、詳細に決めていないこともあるかもしれません。

　特に、時給者の場合で、シフト制により日々の所定労働時間が固定していない場合は、どのように計算すればよいか迷いますが、有給休暇を取得した場合の賃金について、労働基準法39条7項では次の3種類の算出方法が定められています。

> ①平均賃金（労働基準法12条）
> ②通常の賃金（所定労働時間を労働した場合に支払われる賃金）
> ③標準報酬日額（健康保険法99条）

　原則としては、①「平均賃金」か②「通常の賃金」で算出することになります。③「標準報酬日額」を選択する場合は、労使協定の締結が必要ですし、社会保険に未加入のパートやアルバイトも対象者となることがあり得ますので、わかりにくい運用になってしまいます。

　では、シフト制で日々の所定労働時間が固定化されていない場合はどのようにするか、というと、①の「平均賃金」が一番正確な方法ではあります。しかし、実際に給与計算をしているなかで、個別に平均賃金を算出することは、人数が多い会社では大変に煩雑な処

理となるため、現実的ではないと考えることができます。

　以上のことから、②の「通常の賃金」で処理することを考えます。

　１日の所定労働時間が固定化されている場合は、「時給×所定労働時間数」で算出するので簡単ですが、シフト制で日々の所定労働時間がバラバラな場合は、**標準となる所定労働時間数を労働契約の締結時に明示し、有給休暇取得時の給与条件として確定しておくこと**が、法の趣旨から考えてもよいでしょう。

　実際の運用では、翌月のシフトを決める前に、有給休暇の申請をしてもらうようになるので、休む当日の所定労働時間が何時間となる予定なのかというところまで、その時点では確定できません。したがって、**標準となる所定労働時間分から算出することで対処します**。もちろん、標準となる所定労働時間数が実態と異ならない場合に限ります。

一言ポイント！

　時給者の有給休暇取得時の給与計算については、次のことを確認する！

①シフト制であっても、労働契約で１日の所定労働時間を定める

②就業規則に算出方法（平均賃金or通常の賃金or標準報酬日額）を明記する

③標準報酬日額で算出する場合は、労使協定を締結する

Q 過払い分は、翌月の給与で精算してよいか？

 過払い分を翌月給与で精算しても違法ではない

　毎月の給与計算をしていると、情報伝達に誤りがあったり、単純なミスなどによって、結果的に計算ミスとなることがあります。

　計算処理が確定する前までに気づけばよいのですが、銀行振込をしたあとで発覚した場合は、不足額や過払い分の調整処理をしなければなりません。

　不足分を支払うということであれば、翌月の給与処理まで待たずに追加支給することも可能ですが、過払い分を徴収することになると、やはり翌月の給与で精算することを検討します。

　この翌月精算をするということは、厳密には「賃金支払いの5原則」の「**全額払いの原則**」に違反していると考えられます。

　しかし旧労働省の通達では、「前月分の過払い賃金を翌月で精算する程度は、賃金それ自体の計算に関するものであるから、法第24条の違反とは認められない」（昭23.9.14／基発1357号）とされているので、それだけで法令違反となるわけではありません。

　実際に精算をする場合に注意すべきチェック事項は次のとおりです。

> ①精算が必要な労働者に対して予告すること
> ②精算する額が多額でないこと
> ③労働者の経済生活の安定を脅かす恐れがないこと
> ④過払いがあった時期と調整相殺を行なう時期が離れていないこと

◎支払った給与に過不足が生じた場合の対処法◎

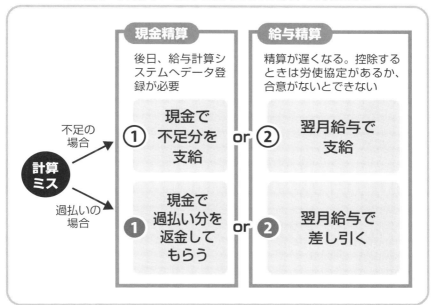

 給与支払額の過不足額の精算における注意点

【不足額を支給する方法】

　不足金額に対しても、源泉所得税と雇用保険料がかかってくるので、現金で不足分を支給する場合は、控除分を差し引いた金額を支給しなければなりません。また、給与計算システムにも、実績値を別途、反映させておく必要があります。

【過払い分を回収する方法】

　この場合も源泉所得税や雇用保険料が関係するので、過払い分を現金で回収する場合は、過徴収分を差し引いた金額を返金してもらいます。なお、雇用保険料がマイナス控除されない給与計算システムが多いので、支給合計がマイナスになる場合は、雇用保険料もマイナス控除（返金）処理となるように強制的に修正してください。

Q 給与が差し押さえられたらどうすればいい？

給与控除編❷

「直接払いの原則」に抵触しないか

いきなり裁判所から、給与の差押命令書が送付されてくることがあります。これは、民事執行法の規定にもとづくもので、**債務を抱えた社員の給与債権が差し押さえられた**という意味です。

一般の貸金業者から直接、会社に対して「A社員の返済が滞っているため、給与を差し押さえてほしい」と言われた場合、会社は「賃金支払いの5原則」の1つである「直接払いの原則」により、直接本人にしか支払うことができないので、貸金業者のために給与を差押え処理することはできません。

しかし、裁判所からの差押え命令であれば、この直接払いの原則に反することなく、一定のルールに則って、給与を差し押さえて債権者に直接支払うことができることになっています。

差押えが可能な金額のチェック

給与の差押えが可能な金額については、債務者である労働者の生活保障の観点から上限が設定されています。

> 差押え可能額
>   ＝（給与総支給額－所得税－住民税－社会保険料）×1/4

給与総支給額から控除できるのは税金と社会保険料だけで、住宅ローン返済額や生命保険料などは含まれません。

差押え可能額に上限があるのは、生活保障のためなので、一定額以上の給与が支給されている人に対しては、それ以上に差し押さえることが可能となります。

具体的には、給与総支給額から差押え可能額を控除して残った金額が33万円を超える場合は、その超えた分は差し押さえることが可能です（下図参照）。

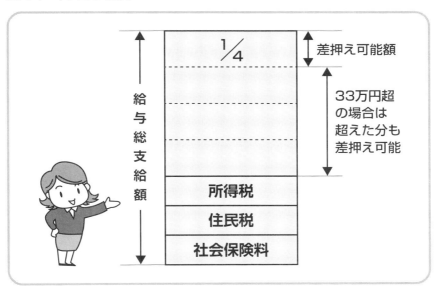

一言ポイント！

給与の差押えが必要なときは、次の2点をチェック！

① 差押え額を算出する際に、総支給額から控除できるものは、所得税、住民税と社会保険料のみで、結果として差引支給額の4分の3とは限らない

② 総支給額から所得税、住民税、社会保険料を控除した額の4分の3が33万円を超えている場合は、超えた額も差押えが可能

5-15 給与控除編❸

Q 社員旅行の積立金を給与から控除できるか？

労使協定を結んでいれば控除できる

「賃金支払いの5原則」にもあるように、給与を支払うときは、その全額を本人に支払わなければならないとされています。

しかし、税金や社会保険料は控除しなければなりませんし、それ以外にも便宜上、控除したほうが運用しやすいというものもあります。税金や社会保険料については、法令に定めがあるので控除できるとされていますが、それ以外については、要件を満たせば控除できると定められています。

その要件とは、**事業場の労働者の過半数で組織する労働組合がある場合はその労働組合、過半数で組織する労働組合がない場合は労働者の過半数代表者との書面による協定がある場合**、とされています（労働基準法24条1項）。

逆にいえば、この書面による協定がなければ、税金と社会保険料以外のものを給与から控除することはできない、ということになります。

たとえば、社員旅行の積立金や共済会の会費などのほか、財形貯蓄の積立金や生命保険料、会社の貸付返済金なども対象です。

給与だけではなく、賞与からの控除も考えられるため、賃金の一部控除に関する協定とします。ちなみに、この協定書については、作成して締結したのち、**労働基準監督署への届出は不要**です。

なお、書面による協定が必要とされているだけで、社員それぞれから同意をとるところまでは求められていません。

しかし、協定書で締結されている内容は、**社員へ周知**しておく必

◎賃金控除に関する労使協定書のサンプル◎

賃金控除に関する協定

　株式会社○○○と社員代表者とは、労働基準法第24条第1項但し書にもとづき、賃金の一部控除に関し、次のとおり協定する。

1．会社は、賃金支払いの際に、法定で定められたもの以外に、次にあげるものを控除して支払うことができる。
　　①会社立替金または貸付金の返済金
　　②過去の賃金に過払いがあった場合の過払い金
　　③財形貯蓄に関する貯蓄金
　　④社内サークル活動などの活動費
　　⑤研修に係る自己負担金

2．この協定の有効期間は、○○年○○月○○日より1年間とし、有効期間満了の1か月前までに、会社、社員代表の双方のいずれからも申し出がないときは、さらに1年間、有効期間を延長するものとし、以降も同様とする。

　　○○年○○月○○日

　　　　　　　　　　　　株式会社○○○
　　　　　　　　　　　　代表取締役　　○○○○　　㊞

　　　　　　　　　　　　社員代表　　　○○○○　　㊞

要があるので、協定締結後に入社した人にも説明しておくことが求められます。入社者には、就業規則の説明だけではなく、労使で締結している協定内容についても説明しておくようにします。

5-16 給与控除編❹

Q 研修後すぐに辞めた社員から研修費用を回収できるか？

 「賠償額予定の禁止」に違反するので回収できない

　会社は、新入社員を採用すると、社員研修を実施することが一般的です。しかし、その研修を受けてすぐに辞めてしまう社員がいるのも現実です。

　その場合、会社としては、「お金と時間をかけて研修したのに、すぐに辞められてしまっては困る！　せめて、本人から研修にかかった費用を回収したい」という気持ちがあるかもしれません。

　しかし、それは残念ながらできません。労働基準法16条には、「使用者は、労働契約の不履行について違約金を定め、または損害賠償額を予定する契約をしてはならない」と定められており、この「**賠償額予定の禁止**」に違反すると考えられるからです。

　そもそも、新入社員研修など、会社で通常実施している研修は、その会社で仕事をするために必要な指導訓練であり、事業運営上の必要な経費といえます。その研修費用について、「退職するのであれば返還させる」という労働契約は、労働者の退職の自由を奪っていると考えられるため、賠償額予定の禁止に触れてしまうわけです。

 海外留学の援助費用なら返還要求は可能

　一方で大企業では、社内制度として海外留学を援助している場合があります。たとえば、ＭＢＡの取得を目的とした海外留学などは期間も長く費用もかかりますが、「留学から帰国して一定期間の間に退職をする場合は、費用を返済しなければならない」となっているケースがあります。

これは、通常の業務上、直接的に必要な研修とは位置づけが異なり、留学にかかる費用に関しては、個別に労働者と金銭消費貸借契約を締結していて、さらに特約として一定期間の勤務により返還債務を免除する（返済しなくてもよい）ことで、労働基準法16条の賠償額予定の禁止には違反しないことになっているのです（参考判例：長谷工コーポレーション事件／東京地裁／平成9年5月26日判決）。

【金銭消費貸借契約が可能となる条件】
①留学や研修自体が業務にあたらないこと
②労働者の自由意思があること
③研修の経験が担当業務に直接的に役立つものではないこと

労働基準法16条の「賠償額予定の禁止」とは

　従来、わが国では、労働契約の不履行や不法行為に対して一定の損害賠償を支払う慣行がみられたことから、労働の強制、労働者の自由意思を不当に拘束し、労働契約の継続を強いられることを防止するために規定されたのが「賠償額予定の禁止」規定です。

　具体的な事例としては、会社所属の技能教習所を修業した者に対し、修業期間の2倍に相当する期間の勤務義務を課して、それに違反した者に対して一定の弁済義務を課すことなどはこの規定に抵触すると考えられています。

　その他、遅刻や無断欠勤などの罰金として、金額を決めて労働者から徴収するなどということもNGです。ただし、遅刻や無断欠勤などについては、その労務を提供していない時間について給与を支払わないことは問題ありませんし（ノーワークノーペイの原則）、企業秩序維持のために懲戒権を行使して減給などの処分をすること自体は、その処分が正しく行なわれる限り違法とはなりません。

給与控除編❺

Q 社会保険料の変更は、社員に通知するのか？

保険料の改定があったら通知しなければならない

毎月の給与計算において、社会保険料は社員それぞれの標準報酬月額から算出するので固定額となりますが、1年に一度、標準報酬月額の見直しをする時期があります。

それが4～6月に支給される給与から標準報酬月額を決定する「**定時決定**」です。毎年一度の見直しですが、その結果は9月分の保険料から改定となります（9月分の保険料はその翌月に支払う給与から控除するので、実務上は10月の給与から控除する保険料から変更となります）。

◎社員への通知が必要となるものとは◎

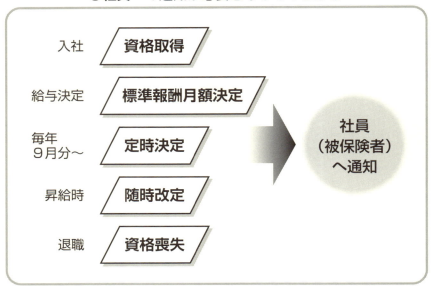

◎社会保険料「改定通知書」の様式例◎

```
_____ 殿                          年    月    日

                              株式会社○○○○○○
                              総務部長○○○○

              社会保険料変更に関する通知

    貴殿の標準報酬月額および社会保険料の個人負担額が、
    年    月分（    月給与支給分）より、下記のとおり変
更となりますので、通知します。

                      記

  1．標準報酬月額
     健康保険        千円    厚生年金保険        千円
  2．個人負担分保険料
     健康保険料        円（うち介護保険料        円）
     厚生年金保険料      円
  3．変更の事由
     資格取得時決定    定時決定    随時改定
     保険料率変更    介護保険該当年齢到達
     その他（                            ）

                                    以  上
```

　その際、保険料が改定となることを社員に通知していない場合が
ありますが、実は**通知しなければならない**と定められています（健
康保険法49条、厚生年金保険法29条）。

　被保険者（社員）には、この定時決定のほかにも、昇給などによ
り標準報酬月額が変更となり保険料が変更となる場合（**随時改定**）
も該当しますし、**資格取得時、資格喪失時、賞与支払額の決定時**に
ついても、通知しなければならないと定められています。

Q 産休、育児休業の給与や社会保険料はどうなる？

給与控除編❻

該当社員にはきちんと通知を行なう

　給与計算をしていくうえで、産前休業から育児休業復帰までの期間は、給与の支給、社会保険料の免除などの処理があり、それぞれの処理タイミングが異なるため混乱しやすくなります。

　また、当事者である社員に対しても、できる限りスムーズに通知をすることにより不安を取り除いてあげることも、担当者の役割の１つでもあるので、あらかじめスケジュールを押さえておきます。

産前休業開始から育児休業終了までの取扱い

　産前休業に入った段階から、給与はゼロになる会社がほとんどですが（健康保険からは**出産手当金が給付**される）、給与を支給してもＯＫですし、本人が有給休暇の取得を申請してくれば、それも可能です。有給休暇を取得すれば無給ではなくなるので、出産手当金は給付されませんが、給与は全額支給されることになります。

　出産手当金の給付額は、標準報酬月額の３分の２相当額なので、給与が満額支給される有給休暇を取得する場合と比較して、有休取得を選択する社員もいるかもしれません。

　社会保険料の免除は、労務に従事していない産前産後休業中から始まり、出産日の翌日より８週間の産後休業も含めて働いていない期間の産前産後休業も、保険料免除は継続します。その後、育児休業が始まりますが、この期間も給与支給ナシとなる場合がほとんどなので、同じく給与の支給も社会保険料の控除もすべてゼロです。

　育児休業から復帰するタイミングで、社会保険料の免除は終わり

◎産前休業から育児休業までの給与計算◎

スケジュール	給与	社会保険料	住民税の納付	給付関係 健康保険	給付関係 雇用保険
産前休業開始 ←→ 最長6週間 ←→ 出産予定日 → 出産日	あり	控除	特別徴収		
出産日 ←→ 8週間 ←→ 育児休業開始	なし	免除	普通徴収へ切替え	出産手当金	
育児休業開始 ←→ 子供の1歳の誕生日の前日（1歳半、2歳まで延長あり）	なし	免除	普通徴収へ切替え		育児休業給付金

ます。ただし、育児休業終了日の翌日の月の前月分までが免除期間なので、終了日が月末日の場合は、終了月分までが免除となります。

 源泉所得税と住民税の注意点

在籍しており、当年の給与の支給額があれば、12月に行なう年末調整の対象となります。

また、産前産後休業に入った時点で、給与の支給も社会保険料の控除もなくなるので、住民税について普通徴収へ切り替えると、会社が立て替えて本人に請求するという手間が必要なくなります。

賞与編❶

Q 賞与支給日の在籍要件は有効？

 就業規則や給与規程で決めておく

　賞与は、給与とは異なり、支給しなければならないものではなく、それぞれの会社が任意に定めるものです。

　一般的には、夏と冬に2回支給されることが多く、そのほかに決算時に決算賞与を支給する会社もあります。給与とは異なり、法的な制限はないので、就業規則や給与規程にどのように規定されているかがポイントです。

【賞与に関する規定のチェックポイント】
①賞与を支給するのか、しないのか、しないことがあるのか
②賞与支給の目的
③支給額を決定する基準はなにか
④算定対象期間はいつか
⑤支給対象者はだれか
⑥支給額はいくらか
⑦いつ支給するのか

 賞与を支給するのか、しないのか

　そもそも賞与には、統一された明確な定義はなく、一般的には、会社の利益還元のためや、業績評価の結果として支給するなどと考えられています。

　そのほか、賞与には生活給的な要素ということも考えられ、どのような趣旨で支給するのかという点は、会社が自由に決めることが

できます。もちろん、会社で支給の有無を任意に決定することができるわけですが、これは、すべて就業規則等でどのように規定されているかによります。

たとえば、「賞与は6月、12月に支給する」とだけ就業規則や給与規程に規定していると、会社業績に関わりなく年に2回支給することが労働条件となっていることになります。

このように、断言して表現するのではなく、「原則として支給する」としたうえで、ただし書きで、「会社業績の低下などにより支給しないことがある」ことも規定されていると、支給しないことがあっても、労働条件として問題はありません。

支給対象者を明確にする

賞与に関して案外トラブルになるのが、「**支給対象者**」についてです。

賞与支給日時点で在職している人を対象とするのか、算定対象期間に在籍していれば支給日には退職していても支給するのか、という問題も出てくるので、この点を明確に規定しておく必要があります。

具体的には、賞与支給日に在籍していることを支給要件としておくことで、たとえ算定対象期間に在籍していたとしても、退職者には不支給とすることができます。

これについては、裁判例でも示されていることですが、定年退職や死亡退職など、労働者本人の意思により退職日を選択しているわけではないケースであっても、**就業規則で支給要件が明確に規定されている場合は、賞与支給日の在籍要件は有効**とされています。

5-20 賞与編❷

Q 自社製品を賞与として支給できる？

労働協約を結んでいれば現物支給も可能

賞与を支給するための原資（資金）が不足しているので、自社製品を支給するのはどうか？　というアイデアがあるかもしれません。しかし、賞与として、自社製品のような現物を支給するためには条件があります。

給与ではなく賞与であったとしても、現物で支給することは、「**賃金支払いの5原則**」（労働基準法24条）のうちの「賃金は通貨で支払わなければならない」（通貨払いの原則）に違反してしまうため、原則としてできません。

しかし、この通貨払いの例外として、**労働協約で別段の定めがある場合**は、現物による支給が認められています。

ここで注意しなければならないのは、「労使協定」ではなく「労働協約」という点です。

「労働協約」とは何か

「労働協約」とは、労働者の代表と契約を結べばよい「労使協定」とは異なり、労働組合法14条に規定されているように、「労働組合と使用者またはその団体との間の労働条件その他に関する労働協約は、書面に作成し、両当事者が署名し、または記名押印することによってその効力を生ずる」とされています。

つまり、**必ず労働組合を相手**として労働協約を締結することになります。したがって、労働組合がない会社では、「労働協約」を締結することはできないので、結果として現物支給することはできず、

すべて通貨で支払うことになります。

　自社製品だけではなく、どんな物品であっても、労働組合がない会社では現物で支給することはできず、すべて現金支給となります。

 現物支給をした場合の処理のしかた

　現物支給が可能な要件を満たしたうえで、実際に賞与を現物支給した場合には、ただ現物を配布するだけでは終わりません。

　支給した現物の金額を確認して、賞与計算の処理を行なわなければなりません。

【現物支給に伴う処理のチェックポイント】
①賞与計算としては、現物の相当金額で処理する
②課税処理、社会保険料控除のどちらも、通常の通貨で支払う賞与計算と同じように処理する
③「賞与支払届」には、通貨による支給ではなく、現物による支給であることを明記する

一言ポイント！

　現物支給ができるかどうか、また、実際に現物支給するときは次の事項を確認する。
①労働組合がある会社か
②労働組合との労働協約で、現物支給を認めているか
③支給する現物に対する金額を確認する
④賞与支払届で現物による支給であることを届け出る

賞与編❸

Q 賞与と一時金に違いはあるのか？

 社会保険料、労働保険料の対象となるものか

　賞与ではなく「一時金」という名称で、臨時の給与を支給する場合があります。臨時で支払うものは、会社によって名称が異なることがありますが、支給される手当の名称ではなく、その中身、意味合いで社会保険料等の対象となるかどうかを判断します。

　判断するポイントは、次の3つです。
①**労働の対償として支払われるものか？**
②**社会保険料の対象となる報酬か？**
③**労働保険料の対象となる賃金か？**

　労働の対償として支払われるものであれば、名称が報酬、賃金、給与などとなっていても、労働契約において労務を提供した結果としての「賃金」となります。

　そのうえで、労働の対償として支払われた賃金のうち、社会保険料の対象となる報酬なのか？　労働保険料の対象となる賃金なのか？ということを確認していきます。なお、保険料の対象となるものについて、社会保険では「報酬」、労働保険では「賃金」という言葉を使っています。

　賞与という名称で支給する場合は、一定の支給ルールに則って支給されるものが多いので、社会保険料、労働保険料のどちらも対象となると考えられます。唯一対象とならないと考えられるのは、社会保険で報酬とならないとされている「大入り袋」などの臨時に支

払われるものだけなので、これに関しては注意して処理します。

【社会保険料対象の報酬とならないもの】
- 大入り袋（臨時に受けるもの）
- 結婚祝金、死亡弔慰金などのお祝い金やお見舞金
- 退職金、解雇予告手当
- 出張旅費、宿泊費
- 傷病手当金、休業補償給付
- 被服
- 食事（本人からの徴収額が標準価額により算定した額の3分の2以上の場合）
- 住宅（本人からの徴収額が標準価額により算定した額以上の場合）

【労働保険料対象の賃金とならないもの】
- 役員報酬（役員は労働者ではないため、賃金とはなり得ない）
- 結婚祝金、死亡弔慰金などのお祝い金やお見舞金
- 退職金、解雇予告手当
- 出張旅費、宿泊費
- 工具手当、寝具手当（労働者が自己負担で用意した用具に対して手当を支払う場合）
- 休業補償費（労働基準法76条の規定にもとづくもの。法定額を上回る差額分も含む）
- 傷病手当金
- 財産形成貯蓄等のため事業主が負担する奨励金
- 会社が全額負担する生命保険の掛金
- 持家奨励金、住宅の貸与を受ける利益

Q 中途入社者の前職の源泉徴収票はいつ提出してもらうのか？

年末調整時より入社後すぐに回収を

　年末調整を行なう際に、その年に転職により中途入社した社員がいる場合には、その社員から「前職の源泉徴収票」を提出してもらい、そのデータを合算して処理することになります。

　その前職の会社から発行された源泉徴収票には、前職の会社から支払われた給与支払金額（通勤手当などの非課税支給額を除く）、控除された社会保険料と源泉所得税が明記されているはずです。これらの情報は、当社で年末調整の計算を行なうときに必要となります。

　この場合、前職の源泉徴収票は、いつ提出してもらうとよいのでしょうか？　いちばんよいのは、**「入社時にすぐ」** です。

　年末調整時に回収しようとすると、時間がかかってしまうことがあるということも１つの理由ですが、それ以上に、入社時に本人が前職の給与額を自己申告していた場合には、その自己申告した情報との整合性を確認するという理由もあるからです。

　したがって、前職の源泉徴収票は、なるべく入社してすぐに提出してもらうというルールにしておきます。

 ### 前職の源泉徴収票がなかなか準備できない場合は？

　10月とか11月に前の会社を退職している場合には、年末調整までに、前職の源泉徴収票を出してもらえないケースもあります。

　その場合、年末調整をしたとしても、その年１年間の給与所得や税額などは確定できないことになってしまいます。そうなると、前

職の源泉徴収票の提出を待って、年末調整のやり直しをするか、本人に確定申告をしてもらうかのどちらかとなります。

　会社が年末調整をすべき人は、12月に在籍する人となっているので、できる限り期日までに提出してもらって、年末調整を終わらせるようにしたほうがよいでしょう。

Q 年末調整が給与支給の際に間に合わないときはどうする？

年末調整編❷

「単独年調」で処理することも可能

　給与支給日が毎月5日や10日などの場合で、12月の給与支給日以降、賞与の支給がないときは、12月の早い時期に年末調整を行なわなければなりません。その場合、12月の給与支給時に年末調整の計算結果を反映させることが難しい場合があります（なお、12月の給与支給後に賞与の支給をする場合は、賞与の支給時に年末調整の結果を反映させるようにします）。

　本来、年末調整は、12月の給与か賞与の最後の支給に合わせて行ない、年間の確定税額との過不足額を反映させることがもっともスムーズな処理方法ですが、それ以外に「単独年調」という方法があります。

　これは、12月に支給する給与については（賞与を支給する場合は賞与も）、他の月と同じように計算して、源泉所得税もいつもと同じように控除するという方法です。

　そのうえで、12月末までに支給する給与や賞与がすべて確定したのちに、年末調整を単独で実施して、その年の所得税額を確定し、源泉徴収税額の累計額との過不足額を算出します。

　そして、源泉徴収税額の累計額のほうが確定税額よりも過大である場合には「還付」になりますが、その分は現金で支給することもできますし、1月の給与に上乗せして支給することも可能です。

　逆に、源泉徴収税額の累計額のほうが確定税額よりも少なくて、「徴収」になる場合は、現金回収するのはなかなか難しいでしょう

から、1月の給与から控除します。

このように、12月の給与支給時に年末調整が間に合わない場合は、給与計算とは別に単独で年末調整を行ない、所得税額の過不足額については、現金で精算するか、1月の給与支給時に1月分の給与に対する源泉所得税とは別に精算するか、どちらかで対応します。

そのほかの単独年調が必要となるケース

年末調整は、年の途中で退職する場合には行なう必要はありませんが、**死亡退職の場合や非居住者になる場合**に限って、年の途中で年末調整を行なう必要があります。このような場合にも「単独年調」を実施することになります。

給与計算システムでは、年の途中で年末調整できないものもありますが、「単独年調」というメニューから処理できるケースもあります。ただし、このような場合には、その年の年末調整を前倒しで行なうことになるので、前年末に実施した年末調整と同じように行なうのではなく、その年の法改正情報を織り込んで行なわなければなりません。改正情報を確認したうえで処理するようにします。

> **一言ポイント！**
>
> 年末調整が間に合わないときと、「再年調」するときの対処法は次のとおり。
> ①不確定な情報で年末調整をしてしまうと、「再年調」処理をすることになってしまうので、申告書の回収が間に合わない場合は、「単独年調」で処理する。
> ②再年調処理をする場合は、12月に一度、過不足分として調整した分を考慮して再年調結果を確定し、1月分に過不足額を反映させる

Q 退職金はいつまでに支払う必要があるのか?

 支払時期を就業規則で規定しておく

退職金は、どの会社でも支払わなければならない、というものではなく、また、退職金の定義についても法律では定められていないので、それぞれの会社で任意に定めることができます。

労働基準法89条では、「退職手当の定めをする場合においては、適用される労働者の範囲、退職手当の決定、計算および支払いの方法ならびに退職手当の支払いの時期に関する事項を就業規則に規定すること」と定められています。

つまり、退職金については、必ず規定しなければならないわけではありませんが、支給すると決めた場合は、就業規則等に規定しなければならない事項だということです。

就業規則に規定されている、ということは、労働条件となるので、退職金を支払う義務が生じることになります。

退職金も、労働基準法では「賃金」となるので、労働基準法23条に規定されている「賃金支払い時期の原則」に従うことになります。

賃金の支払い時期の原則とは、「使用者は、労働者の死亡または退職の場合において、権利者の請求があった場合においては、7日以内に賃金を支払い、積立金、保証金、貯蓄金その他名称の如何を問わず、労働者の権利に属する金品を返還しなければならない」というものです。

つまりは、**労働者から請求があれば7日以内に支払わなければならないことが原則**となりますが、退職金については、例外として「就

業規則等で定められた支払時期に支払えば足りる」という通達が出ています。

以上のことから、退職金を支払う時期については、就業規則で明確に定めておけば、その期日までに支払えばよいということになります。

具体的に、就業規則等で規定する退職金の支払期日は、どの程度まで引き延ばせるかというと、**目安としては6か月程度まで**と考えられます。

 ## 退職金の支払いに関する実務処理

退職金の原資については、いろいろな積立方法がありますが、その1つとして「**中小企業退職金共済**」があります。

いわゆる「**中退共**」といわれるものですが、これは、法律で定められた社外積立型の退職金制度です。

この場合、退職金共済契約自体は会社がしているのですが、実際に社員が退職した場合は、社員が中退共に請求することにより退職金が直接支払われるというしくみになっています。

したがって、会社として退職金を支払う時期を定めたとしても、実際には社員が請求するタイミングによって、中退共から支払われる日は異なってきます。

会社が定める退職金の額が、中退共から支払われる退職金の額より多く、上乗せ支給が必要な場合は、中退共から支払われる退職金だけが先に支給されて、あとから会社が定めた期日に上乗せ分を会社が支給するということになります。

退職金の支給が2回に分かれること自体は問題ありませんが、退職者へは十分に説明をしておくことも大切です。

おわりに

　最後までお読みいただき、ありがとうございます。

　本書の初版を発刊してから5年、いろいろな方から多くのご意見をいただきました。そして一番感じたことは、給与計算のミスが多くて困っている方が想像以上に多かった、ということです。

　ミスが多くなってしまう原因を深掘りしていくと、処理のロジックが明確になっていないため、システムに正しく設定できていなかったり、担当者が判断できなかったり、忘れてしまったり、誤入力してしまったり、などの現象が起きていると考えられます。
　処理のロジックを明確にして、それらをシステムに正しく設定・反映し、チェックリストにより正しいオペレーションを行なうことで、確実にミスはゼロになるのです。
　本書では、「最強チェックリスト」のつくり方はもちろん、処理ロジックの整理のしかたやシステム設定のコツなども解説していますので、ぜひ参考にしていただき、1日でも早く不安というストレスから解放されてください。

　最後に、私にとって初めて執筆した実務書がこの本でしたので、その【新訂版】が発刊できることに本当に感謝しています。
　いつもサポートしてくれている事務所のスタッフたち、アニモ出版の編集部および関係各位の皆さまに心より御礼申し上げます。

濱田　京子

濱田京子（はまだ きょうこ）

特定社会保険労務士、エキップ社会保険労務士法人代表社員、
株式会社ゴルフダイジェスト・オンライン社外監査役、東京都紛争調
整委員会あっせん委員。
神戸市生まれ、東京育ち。聖心女子大学卒業後、三井不動産株
式会社入社、人事部に配属される。その後、人事給与のアウトソー
シング会社や人事評価システムを構築するIT企業を経験し、2009
年、濱田京子社労士事務所を開設、2016年、エキップ社会保険労
務士法人へ組織改編。
大企業から中小企業、ベンチャー企業とさまざまな規模の企業で働
いていた経験を活かし、企業の成長ステージに対応した実態に即し
た提案・コンサルティングを得意とする。ビジネス雑誌への執筆、人
事労務関連の講演など幅広く活動している。
書著に、『社会保険・労働保険の届出・手続き 最強チェックリスト』
『労務管理の最強チェックリスト』『最適な労働時間の管理方法がわ
かるチェックリスト』（以上、アニモ出版）、『労働時間を適正に削減
する法』（共著・アニモ出版）などがある。

【エキップ社会保険労務士法人】
URL　http://www.k-hamada.com

【新訂版】給与計算の最強チェックリスト

2013年 2 月28日　　初 版 発 行
2018年 8 月10日　　新訂版発行

著　者　濱田京子
発行者　吉溪慎太郎

発行所　株式会社アニモ出版
　　　　〒162-0832 東京都新宿区岩戸町 12 レベッカビル
　　　　TEL 03（5206）8505　FAX 03（6265）0130
　　　　http://www.animo-pub.co.jp/

©K.Hamada 2018　ISBN978-4-89795-216-1
印刷：文昇堂／製本：誠製本　Printed in Japan

落丁・乱丁本は、小社送料負担にてお取り替えいたします。
本書の内容についてのお問い合わせは、書面かFAXにてお願いいたします。

すぐに役立つ アニモ出版 実務書・実用書

最適な労働時間の
　　管理方法がわかるチェックリスト

濱田 京子 著　　定価 本体1800円（税別）

あなたの会社の"働き方改革"を実現するために、いますぐ役に立つハンドブック。会社の実態に合った最適の管理方法が見つかり、運用のしかたや留意点がやさしく理解できます。

図解でやさしくわかる！
給 与 計 算 事 務　最強ガイド

【改訂2版】佐藤広一・星野陽子 著　　定価 本体1600円（税別）

毎月の給与計算事務から年末調整まで、すぐに役立つ親切ハンドブック。給与明細書をひも解くイメージでやさしく解説しているので、誰に聞かなくても1人でできるようになる本。

図解と書式でやさしくわかる！
社 会 保 険 事 務　最強ガイド

【改訂2版】佐藤広一・星野陽子 著　　定価 本体1600円（税別）

保険料徴収事務から給付手続きまで、すぐに役立つ親切ハンドブック。知りたいことがすぐに引けて、記載例付き届出書も満載だから、誰に聞かなくても1人でできるようになる本。

図解でわかる社会保険
　　いちばん最初に読む本

【改訂4版】山田芳子 編著・米澤裕美 著　　定価 本体1500円（税別）

公的医療保険（健康保険）や介護保険、年金保険から労災保険、雇用保険まで、社会保険のしくみと基礎知識を図解入りで網羅。初めての人でもスラスラ頭に入ってくる超・入門書。

定価には消費税が加算されます。定価変更の場合はご了承ください。